ほとけ様に教わった
毎日をハッピーにする90の方法

秩父札所十三番寺
南泉和尚

Discover
ディスカヴァー

ほとけ様に教わった
毎日をハッピーにする90の方法

プロローグ

大切な命、みごとに使い切りましょう！

祇園精舎《ぎおんしょうじゃ》の鐘の声、
諸行《しょぎょう》無常《むじょう》の響きあり。
沙羅《さら》双樹《そうじゅ》の花の色、
盛者必衰《じょうしゃひっすい》の理《ことわり》をあらはす。

これ、『平家物語』の冒頭です。

「知ってるよ。昔、古文の教科書で見た」という方もたくさんいると思います。

でも、文章の中に出てくる「諸行無常」が、仏教の教えの基本である4つの柱、「四法《しほう》印《いん》」の1つだと知っている方は少ないでしょう。

四法印とは、お釈迦様の教えの旗印として、仏教の世界ではよく使われる言葉です。すなわち、この考えに沿うものでなければ、お釈迦様の教えではないということになるわけです。

では、その4つの柱とはどのようなものかというと、次の通りです。

諸行無常（しょぎょうむじょう）
諸法無我（しょほうむが）
一切行苦（いっさいぎょうく）
涅槃寂静（ねはんじゃくじょう）

日常的にお寺と関わりを持たない方には、わかりにくいかもしれません。そこで、多少の誤解を覚悟で、私流にこれらを解釈してお伝えしますと、

諸行無常（しょぎょうむじょう）　常に変わり続ける。
諸法無我（しょほうむが）　みな、つながっている。

一切行苦（いっさいぎょうく）　何事もプラスに受け止める。

涅槃寂静（ねはんじゃくじょう）　みんなが〝ハッピー〟に。


といった具合になります。

仏教の理想は、一人ひとりが幸せに暮らせる世界を完成させることです。お釈迦様はそのために、四法印の基本に基づく、たくさんの教えを授けられたのです。


しかし、現実の世の中はどうでしょうか。

私の感覚では、9割近くの人が幸せとは遠い生き方をしている気がしてなりません。

生き急ぐ若者や、人生を悲観して自ら命を絶つ人など、せっかくの命を生き切らずに終えてしまう人がたくさんいるように思えるのです。

もっともっと、一人ひとりの人生を、楽しく生き切ってほしい。

そう感じたことが、本書を書くきっかけになりました。


私は、秩父で780年続くお寺の住職の子どもに生まれ、仏教の教えと身近なところで育ちました。しかし、私自身、たくさんのことに悩み、苦しみ、長い間、お釈迦様の真の教えに気づくことができませんでした。

そんな私だからこそ、皆さんにお伝えできることがある。そして、少しだけ仏教に触れていた時間が長いからこそ、仏教の教えをよりわかりやすい言葉でお話できる。

それがいまの私に与えられた役割だと感じています。

本書では、仏教の教えを実践するための徳目を切り口に、私なりの解釈で、皆さんにお伝えしたいことを書かせていただきました。10の項目がありますが、どれも経典に登場する言葉です。

布施《ふせ》・愛語《あいご》・利行《りぎょう》・同事《どうじ》は四摂法《ししょうぼう》という教え。

布施・持戒《じかい》・忍辱《にんにく》・精進《しょうじん》・禅定《ぜんじょう》・般若《はんにゃ》は六波羅蜜という教え。

布施の項目が両方にまたがっているので、合計は9つになりますが、そこに実践するものだという意識を込めて、「行《ぎょう》」という項目を加えました。

種明かしをすれば、もともとは、私がいつも学びや気づきをいただいている福島正伸先生のセミナーで、「自分のポリシーを10個決めましょう」という課題をいただいた時に、「私らしいポリシーってなんだろう」と考えたことがきっかけでした。

仏教者として、佛様《ほとけ》からヒントをいただこうと、「四摂法」と「六波羅蜜」という教えから発想しようと思いつき、その一つひとつの徳目ごとに、自らのルールを考えてみたものが、次の10項目でした。

私のポリシー　10か条

・行　誰もやらない。だからやる
・布施　先に与える
・愛語　前向きでやる気になる言葉を使う
・利行　人のため地域のため世界のためにやる
・同事　感動し共感し感謝する
・持戒　ポリシーに従って生きる
・忍辱　ぺしゃんこになってもへこたれない、あきらめない

・精進　毎日昨日よりティッシュ1枚成長する
・禅定　自己を掘り下げ、静かな時間を持つ
・般若　死ぬまで成長死んでも支援

どうでしょうか。

私は、書き出したものを見て、

「なんだ。どれも普段から私たちが実践していることじゃないか」

と改めて感じました。

私がお寺の住職だからという意味ではありません。前向きに生きようとか、人のためになることをしようとか、教えの内容を噛みくだいて解釈していくと、いつも皆さんが耳にしたり、実践したりしていることが多いのです。

そう、実は皆さんも、意識する、しないにかかわらず、佛様《ほとけ》の教えのそばで生きているということなのです。

このことに気づくだけでも、心が強くなれるのではないか。そんな思いで、私のポリシー10か条と同じ徳目を使わせていただくことにしたのです。

この世に生を受けた私たちには、必ずなにかの役割があります。

そして、生きるということは、その命を生かすということです。

人生をもっと楽に、ハッピーに、自分の命を使い切りましょう。

これからご紹介するお話が、少しでもそのヒントになれば、こんなにうれしいことはありません。

涅槃寂静《ねはんじゃくじょう》。みんながハッピーに！

たとえどれ程
険しい道であろうとも
ワクワク楽しく遠慮なく
自分の命を使い切る

南泉

目次

プロローグ　大切な命、みごとに使い切りましょう！……2

第1章　行《ぎょう》

01 プラスに考えるクセをつける……20
02 考え方を〝わざと〟変える……22
03 自分を許してリセットする……24
04 欲しがらない、怒らない、愚痴を言わない……26
05 自分のよいところに目を向ける……30
06 「できる」と信じて前に進む……32

07 失敗を恐がらない……34
08 「これでいいのだ!」と自分に言う……36
09 足もとのゴミを拾う……38
10 楽しい夢を持つ……40

第2章 布施《ふせ》

11 持っているものを先に渡す……44
12 他の人の幸せを考える……46
13 お金を儲けて、人のために使う……48
14 今あるものに感謝する……50
15 知らない誰かに少しお金をあげる……52
16 恩返しではなく「恩送り」をする……54
17 他の人の夢を応援する……56
18 小さな達成感を積む……58

第3章

愛《あい》語《ご》

19 自分にポジティブな言葉をかける……62
20 「愛語ノート」をつくって意識を変える……64
21 本人ではなく他の人に向かってほめる……66
22 口に出して伝える……68
23 「大丈夫」を口癖にする……70
24 「先生」と「計画」と「仲間」を大切にする……72
25 決めたことは繰り返し言う……74
26 困難や課題にぶつかったら感謝する……76

第4章

利《り》行《ぎょう》

27 物事の裏を追及しない……80
28 原因ではなく解決法を探す……82

29 相手が自分でできるように助ける……84
30 いいと思ったらすぐ実行する……86
31 イライラしている自分を笑う……88
32 手放す勇気を持つ……90
33 お互いの違いを認め合う……92
34 自分に厳しくしすぎない……94
35 人の目を通して自分を見る……96
36 自分にできることから始める……98
37 困難と課題をチャンスに変える……102

第5章 同事《どうじ》

38 心の波長を相手と合わせる……106
39 相手を信じ切る……108
40 すべての人に素晴らしい力があることに気づく……110
41 自分の力を信じる……114
42 人との出会いを大切にする……116
43 人のために力を使う……118
44 子どもの気分になって一つのことに没頭する……120

第6章 持《じ》戒《かい》

45 ポリシーをもって生きる……124
46 自分の「戒名」を考えてみる……126
47 人のために生きることをポリシーにする……134
48 自分のなりたい自分になる……136
49 誰もやらない。だからやる！……138
50 人をほめて伸ばす……140
51 自分自身を頼りに生きる……142
52 覚悟を決める……144
53 目標を明確にする……146
54 日々のことを怠らない……148

第7章 忍辱《にんにく》

55 小さな欲は捨て、大きな欲を抱く……152
56 年に一度、仲間と法螺吹き大会をする……154
57 考え方を変える……156
58 行動を起こしてから考える……158
59 根拠のない自信を持つ……160
60 自分自身を肯定する……162
61 徹底的にやり続ける……164
62 「しなければならない」を「したい」に変換する……166
63 人の力を借りる……168
64 困難や課題を歓迎する……170
65 逃げないで飛び込む……172

第8章

精進《しょうじん》

66 相手の想像を絶する夢を語る……176
67 ティッシュ1枚ずつ成長する……178
68 毎朝、鏡に向かって自分に挨拶する……180
69 失敗しても挑戦し続ける……182
70 明日を楽しみにして寝る……184
71 一生かけてかなえる夢を持つ……186
72 自分の行動を俯瞰して見る……188
73 いつか来る〝そのとき〟にそなえる……190

第9章 禅定《ぜんじょう》

74 「仕事」を「死事」ではなく「志事」にする……194

75 心の「体質改善」をする……196

76 徹底的に自己を掘り下げる……198

77 やることリストを作る……202

78 自分のネガティブな部分とも向き合う……204

79 人に会う。本を読む……206

80 嘘をつかない……208

81 自分を許す……210

82 なにごとも八分目にする……212

第10章

般若《はんにゃ》

83 すべてをプラスに受け止める……216
84 ポジティブなものにフォーカスする……220
85 自分を拠りどころにする……222
86 生きているうちに「ほとけ」になる……224
87 情報は自分から取りに行く……226
88 自分と対話する……228
89 辛い経験から学ぶ……230
90 苦手な人や嫌いな人も大好きになると決める……232

エピローグ 仏教は、本来の自己に出会うための道しるべ……234

第1章

行《ぎょう》

行という文字は、修行、行動など、
何かを行うという意味で使われることが多いですが、
仏教でいう「行」には、
さらに、繰り返し実践することで、
身につくということも含まれます。

最初の章では、毎日をハッピーに暮らすためには、
日々の生活をどんな気持ちで送るとよいか、
どんな姿勢でものごとに臨んだらよいか、
そのことを考えてみたいと思います。

01

プラスに考えるクセをつける

何か行動を起こすと、その成果が気になるものです。

会社に勤めている人は特にそうかもしれません。仕事の成果で評価が左右されることもありますから、無理のないことだと思います。

よりよい成果を導くために、人はいろいろな工夫をします。

あれこれ手法を試して、うまくいった、いかなかったと評価をします。しかし、どのような手法よりも成果を導くために不可欠なものがあります。

それが「姿勢」です。

「姿勢」とは、考え方、心の持ちようのこと。行動を起こすときに「楽しみだ」と考えるプラスの姿勢と、「うまくいくはずない」と考えるマイナスの姿勢があります。

せっかく何かをするというときに、

「どうせうまくいくはずがない」

プラスの姿勢がプラスの結果を招く。

「これで失敗したらどうしよう」

などと、後ろ向きな気持ちで臨んでうまくいくでしょうか。

何かを成し遂げて得た結果＝成果は、姿勢と手法のかけ算でできています。どんなにすぐれた手法を用いても、姿勢がマイナスならかけ算の結果はマイナス。しかけているものごとの大小にかかわらず、この定理は変わりません。

では、どうすればよいのか。その答えはとてもシンプルです。

ものごとをプラスに考えるクセをつければよいのです。

ものごとがうまく進むことだけをイメージして、頭の中を「楽しい」という感覚でいっぱいにしてみてください。最初はうまくできないかもしれませんが、繰り返しているうちにだんだんできるようになってきます。

人生のあらゆるかけ算をプラスにできるよう、まずは、姿勢を見直すことからはじめましょう。

02

考え方を〝わざと〟変える

たとえば、朝起きるとき、目覚ましを止めて「あと、５分……」と、起きるのを先延ばしにしてしまう。そんな経験はないでしょうか。

そんなあなたは、ごく普通の感覚の人です。

人は、もともと横着な生き物なのです。できれば「楽をしたい」と考えることが普通。

私に言わせれば、できている人のほうがおかしいくらいです。

でも、目の前の「楽」に甘んじてしまうのは、とてももったいないことです。その５分を、何か自分のために使ってみると、人生はもっと豊かになるかもしれません。

では、どうすれば起きられるようになるのか。

朝の目覚めを例に言えば、「よし、いま起きる！」と、わざと行動を起こすのです。

人はほうっておくと楽なほうにいくのですから、自分で「起きる！」と決め、わざと行動することが大事なのです。

「起きる！」と決めるときに、「起きねばならない」と、行動を自分に強制しないことも肝心です。強制されることは楽しく感じないからです。

「5分早起きできたら、こんな楽しいことが待っている！」

「早起きの5分でおいしいコーヒーを飲める！」

など、朝起きたら楽しい！って、自分に呼びかけてみましょう。

それだけで、朝の目覚めが気持ちよくなると思いませんか？

禅に「随所に主となる」という言葉があります。これは、いつ何時も、主人公は自分という意味。まず、「起きる！」と決めてみてください。そして、先にある楽しみをイメージして、考え方をわざと変える練習をしてみませんか？


考え方は自然には変わらない。楽じゃないこともやってみよう。

03 自分を許してリセットする

本当のことを言えば、私は人生に「失敗」はないと思っています。

生きていればうまくいかないこと、予想に反することが起こるのは当たり前。しかし、それを乗り越えるときにこそ、学びがあり、気づきがあるのですから。

この言葉だけ見ると、お寺の住職だから、ものすごく規律正しく生きているように思われるかもしれませんが、私の日常にも、「しまった！」がたくさんあります。ひょっとすると、すぐに行動に出てしまう性分のため、皆さんよりもその回数が多いかもしれません。

朝早く起きようと決めたのに、寝過ごしてしまうこともありますし、前の夜にお酒を飲み過ぎて二日酔いで起きられないということもあります。

でも、そのことを後まで引きずったり、悩んだりはしません。

ただ声に出して

「またやっちゃった」と自分を許し、リセットしよう。

「またやっちゃった。まだまだだなぁ」
と自分に話しかけます。
そして、「また明日から早起きするぞ！」と気持ちを切り替え、宣言します。

以前の私は、これができませんでした。人に対しても自分に対しても、与えられた課題がクリアできないことを徹底的に責めていました。でも、そこからは何もよいことが生まれてきませんでした。長い間苦しんだ末に、このことに気づいたのです。

お経の中に「一切我今皆懺悔（いっさいがこんかいさんげ）」という言葉が出てきます。「懺悔」は、平たく言えば「悔い改める」という意味になりますが、私は、これを「（よいほうへ）リセットする」ことだと思っています。ダメだったのも、できなかったのも、自分です。それを受け止め、許すことでリセットできるのではないでしょうか。

04

欲しがらない、怒らない、愚痴を言わない

仏教の教えの中に、懺悔文《さんげもん》というとても短いお経があります。たった28文字ですが、そこには、人生を幸せに生きるヒントが盛り込まれ、丁寧に説明しようとするととても時間がかかる、かなり深い内容のお経です。

まずは、その全文をご紹介します。

我昔所造所悪業（がしゃくしょぞうしょあくごう）
皆由無始貪瞋痴（かいゆうむしとんじんち）
従身口意之所生（じゅうしんくいししょしょう）
一切我今皆懺悔（いっさいがこんかいさんげ）

これを私流の解釈で説明すると、

幸せな人生を送るためには、欲張らないこと、怒りを鎮めること、愚痴を言わないことが肝要です。

そして、自分に起こった、良いこと、悪いことも含めすべてのことを、ありのままに受け止めます。そのうえで、行動、言葉、考えを前向きにします。

でも、これはなかなかできません。そうした時は、まだ未熟だなと振り返ります。そして、また、新たな気持ちで前向きに生きていきます。

となります。

前の項目でご紹介した、「またやっちゃった」も、この懺悔文から発想をいただいたものです。

さて、この懺悔文の中に、「貪瞋痴《とんじんち》」という言葉が出てきます。

これは、仏教でいうところの三つの毒のことで、「三毒」といいます。

「貪」はむさぼるということ。

人のものを欲しがったり、必要以上に手に入れようとすることです。

「瞋」は怒りに任せて我を忘れること。

なにかトラブルがあって頭に血が上ると、適切な判断ができなくなります。感情に任せてものごとを進めてもうまくはいきません。

「痴」は、愚痴を言うこと。

社会が悪い、行政が悪い、わかってくれない、やってくれないなど、誰かへの不平不満を口にすることです。いくら愚痴を言っても、状況は変わらないし、むしろ悪くなります。

仏教の教えでは、「これらをやめよう」と言っています。

たとえば、ないことに目を向けるのではなく、いまあるものに目を向け感謝すると、「どうしてないのか」という不平も起こりません。

落ち着いて前向きに行動すると、まわりの人も影響され、皆で協力しあうことができるようになります。みんながハッピーになっていくのです。

懺悔文は、般若心経と同じくらいポピュラーなもので、仏教のほとんどの宗派で読まれています。私も、子どものころからずっと読んでいたお経でした。

仏教の理想はみんなが幸せになること。

みんなが幸せになるには「貪瞋痴」をやめること。

この教えの深さに気づいたのは、ごく最近です。私自身、たくさんの「貪瞋痴」に振り回され、心も体も疲れ果てたときに、お釈迦様が気づかせてくださったのです。


ないことに目を向けず、いまあるものに感謝する。

05 自分のよいところに目を向ける

中学生のとき、数学が苦手でした。高校のときは物理や生物など、化学式や数式が出てくる教科はまるでダメ。勉強していても眠くなるばかりで、途中から数式の出てくる勉強は「やらない」と勝手に決めていました。

反対に、得意な教科は国語や社会。好きな教科でしたし、勉強も「やる」と決めましたから、そちらで数式教科の分までがんばりました。

その結果、私の成績はもちろん超アンバランス。できる教科とできない教科にかなり開きがありました。

でも、すべての教科の平均点を出してみると、ほかの人と大体同じになるのです。

「平均で同じなら楽しいものをやってるほうがいいな。いいところだけ伸ばせばいいや」と、子ども心に思ったものです。

いまの教育制度では、先生も親御さんも子どもの苦手な部分にフォーカスをあて、そこ

を引き上げようとする傾向があります。みんなと同じ、みんな以上にできることがよいという考えが前提になっています。私もそんな環境の中で育ってきました。

でも、これをやめようと私は提唱しています。

自分のできるところ、自分の得意なところを伸ばしていくほうが楽しいし、素敵なことだと思うのです。なぜなら、得意なところが伸びると、結果的に苦手なことも底上げされていくからです。

私が理事長を務めているこども園には、跳び箱のカリキュラムがあります。指導する先生は、ともすると跳べない子をなんとかしようとするのですが、私はそれをやめるようにと指導しています。跳べる子の実力を伸ばすほうが、結果的に跳べない子が跳べるようになっていくことを見てきたからです。

よいところに目を向けていくと不思議なプラスの力が働きます。園児たちが、私にそのことを教えてくれました。

得意なところを伸ばしていけば、苦手なことも底上げされる。

06

「できる」と信じて前に進む

もうひとつ、園児たちが教えてくれた興味深い事実があります。

秩父こども園では、卒園までにみんなが跳び箱8段を跳べるようになっています。大人でもかなりの高さですが、小さな子どもの体で軽々と越えていくのです。

先ほど、得意な子を伸ばすと苦手な子もそれにひっぱられるように上達すると書きましたが、これには大切な大前提があります。

園児たちは、みんな「自分は跳べる」と信じているのです。

秩父こども園は、秩父幼稚園と秩父保育園が連携した、幼保連携型認定こども園です。お寺の隣にあり、ゼロ歳から6歳までの子どもたちが通ってきます。年長さんたちは年下の園児たちの憧れの的です。いつかは自分も、あのお兄ちゃん、お姉ちゃんみたいになると、園児全員が信じて疑うことがありません。跳び箱も、「お兄ちゃん、お姉ちゃんが跳んでいるのだから、自分も跳べるようになる」と最初から思っているのです。

できると信じているか、いないかでは、挑戦するときのスタートラインが違います。跳べるイメージができていると、形にしやすくなるのです。

もちろん、信じていても苦手な子どももいます。でも、跳び箱は苦手でも、別のいいところ、得意なところが必ずあるものです。その部分を見つけて伸ばすようにすれば、ほかの苦手な子どもたちを底上げすることができます。

一人ひとりのいいところを伸ばし続ければ、子どもたちはお互いを高めあってくれるのです。

大人の世界も同じです。どんなことも「できない」という発想では成功しません。「できる」と信じて突き進むことが大切です。そして、どうしても苦手な分野はできる人の知恵や力を借りればいいのです。助け合い、高め合うために仲間はいるのです。

成功を疑わないことが成功のカギ。苦手なことは人の力を借りよう。

07

失敗を恐がらない

テストでいい点がとれないのはダメな奴。
足が遅いとダメな奴。
失敗するのはダメな奴。

今の世の中、何でもダメなものを決めようとします。そして、ダメと言われることにビクビクして、行動を起こせずにいる人も多いと思います。失敗が恐くなるのです。

でも、世の中に失敗なんてありません。

目の前で起きたことは、単なる事象にすぎません。
問題は、そのことから学ぼうとする姿勢を持っているか、どうかということです。「失敗だ」とその場に立ち止まる人には失敗ですが、「これはうまくいかない方法が一つ分か

った」と考えれば学びになります。そう、失敗するということは、うまくいく確率が少し高くなったということでもあるのです。

秩父こども園では、教育実習の学生たちに、「もっと失敗していいよ。どうせなら、5年後くらいに大笑いできるような失敗をして」とお願いしています。すると、学生たちは心おきなく園児と向き合うことができ、園児たちものびのびできます。

教育実習はうまくいくことを学ぶ場所ではなく、できないことを学ぶ場所。それが次の成長につながると思っているからです。

坐禅の時の心構えの一つに、「大勇猛心」という言葉があります。勇猛心とは、物事を恐れず進んでいくこと。それに「大」がつくのですから、かなりの気合いということになります。学生だけでなく、社会人になっても「大勇猛心」で物事に臨みたいものです。

世の中に「失敗」なんてない！その失敗に学べば「成功」だ。

08

「これでいいのだ！」と自分に言う

このセリフ、ご存じの方も多いと思います。

そう、赤塚不二夫さんの描いた漫画『天才バカボン』の中で、バカボンのパパがよく使う言葉です。子どものころはなんとも思わずに読んでいましたが、いま思うと、実に奥深いセリフだと感心してしまいます。

最近、御手洗瑞子さんという女性が書いた『ブータン、これでいいのだ』（新潮社）という本の話を聞きました。国民総幸福量が世界一のブータンで、実際に公務員として勤務した著者の体験談が書かれたものですが、ものごとに大らかなブータンでは、日本のようにキチキチとものごとが進みません。日本人の彼女にはハラハラすることが多かったようです。でも、彼女の心配をよそに、現地のスタッフはブータンの言葉で「これでいいのだ」と言うのだそうです。

「これがいい」のではなく、「これでいい」というところが大事です。

これでいいのだ!

「これでいい」というのは、「今あるものに感謝する」という姿勢に似て、ものごと全部を肯定する言い方だと思います。

このままでは遅れてしまう、間に合わない。確かに一部の人の都合から見れば大事なことかもしれないけれど、みんなのことを思えば、そんなことは大した問題ではない。みんながお互いを受け入れ合えることが大切です。だから、これでいい。

そんなふうに自分が言われているような気がしました。

「これでいいのだ!」という言葉を見たときに、私の頭には、「薩婆訶(そわか)」という言葉が思い浮かびました。お経にもよく出てくる言葉ですから、聞き覚えのある方もいるでしょう。「薩婆訶」には、「できた! 成就した!」といった意味があります。「これでいいのだ!」は、全部をひっくるめて、まさに成就したことを表す言葉だと思います。人生、「薩婆訶」がいいなと思います。

それにしても、バカボンのパパのセリフがこんなに哲学的だったとは!

09 足もとのゴミを拾う

カー用品の卸販売会社、イエローハットの創業者の鍵山秀三郎さんが、創業以来掃除を続けていることは、あまりにも有名な話です。

鍵山さんの「掃除を通して社会の荒み、心の荒みをなくしていきたい」という思いは、「日本を美しくする会」となって、国内外に活動の輪が広がっています。私も何度かお掃除に参加させていただいたことがあります。

これは、鍵山さんが以前、上海の大学で講演されたときの逸話です。

鍵山さんが掃除について話すと、ある学生が、「ゴミを拾うようなことで世界が変わるのですか？」と質問をしました。それに対し鍵山さんは、「人が行き交うような場所で吸い殻一つ拾えない、その勇気をもってない人に世界なんて変えられないでしょう。大望は達成されません」と応えたそうです。

ゴミを拾うというのは、実は、勇気の話なのです。身近なことに立ち向かう気概がないのに、大きな目標に立ち向かうことができるだろうかと。

私も一時期、自分より上ばかりを見ていました。経営のうまくいっていそうな幼稚園が気にかかり、「あそこはすごいな。あんなふうになりたい」と考えていたのです。

本当は、まず、手の届く範囲を一生懸命やればよかったのです。そして、まず、足もとにある吸い殻を、私が拾えばよかったのです。目指すところを間違っていたので、うまく進まなかったのです。

鍵山さんの言葉で、私の好きな言葉があります。

「ゴミ一つ拾えば、一つだけきれいになる」。

人は小さいことをおろそかにしがちですが、小さなことの積み重ねがあるからこそ、大きな成果が生まれることを教えてくれます。

小さなことをおろそかにしない。勇気をもって行おう。

10 楽しい夢を持つ

朝起きてから、夜寝るまで。いえ、寝ている間も、私はずっとワクワクしています。もう、毎日が楽しくってしかたがありません。そんな私を、「気楽でいいね」という方がいるかもしれませんね。でも、最初からそうだったわけではないのです。自分ではポジティブな性格だと思っていましたが、実はネガティブだったことに気づきました。いつもイライラしている自分がいたのです。

では、どうすればワクワクし充実した毎日が送れるのでしょう。

簡単です。何か楽しい夢を持てばいいのです。

夢を持つと、その実現に向けて目標ができます。

身近なものでも、突拍子もないものでも構いません、夢を描き、それが達成されたときの自分を想像してみてください。

夢を持つと目標ができる。毎日が楽しくてしかたなくなる。

今の私は、秩父に貢献するという夢の実現に向けて活動を続けています。私の中には、何年までにこれをやって、次の年にはこれ、また、その次はこれと、段階的な目標が明確に決まっています。目標到達までの計画も立ててあります。また、計画の中で建築していく建物についても、こと細かくイメージを膨らませています。

たとえば、秩父の人たちが初対面でも仲よく会話している姿や、楽しくお昼ごはんを食べているところを想像します。そして、お昼ごはんを食べるなら、食堂も必要で、厨房はこんな感じにしたいと、出来上がりのイメージをさらに掘り下げていくのです。

それは、さながらジグソーパズルのピースがハマり、どんどん完成に近づいていく感覚に似ています。

あなたはどんな夢を描くのでしょう。そして、夢のパズルの1ピース目は、どんなものですか?

第2章

布《ふ》施《せ》

お布施というと、
仏事のときにお寺に納める金銭のことだと
考える方が多いかもしれません。
しかし、実際には金銭だけではないのです。
誰かのために行動したり、
自分にしか生み出せない価値を提供したり
他に施す無償の行為も「布施」なのです。
価値の評価にかかわらず、自分から先に渡すこと。
この気持ちが大切です。

11

持っているものを先に渡す

布施とは、金銭のことと思いがちですが、実際はもっと広い意味があります。別の言葉に置き換えるとしたら、「他者支援」というのがいちばん近いかもしれません。また、仏教でいうところの「身口意（しんくい）」も、布施の内容を指すものと言えます。

「身口意」の身は行動、口は言葉、意は思考という意味です。これらの実践が「当願衆生《とうがんしゅじょう》」（＝世の中のため）になれば、布施になります。言い換えると、生きていることそのものが他者支援になり、布施になるのです。

私たち一人ひとりには、その人でなければ出せない価値があります。

しかし、その価値に気づいている人は、あまり多くありません。

「私のやっていることに価値なんてあるのかな」

と思う方もいるかもしれませんが、今見えていなくても価値は必ずあるのです。
書家、詩人として人気のある相田みつをさんが、詩集『にんげんだもの』で広く知られるようになったのは、相田さんの晩年のことです。長い間、ほとんど知られずに創作活動を続け、ようやく誰にも真似のできない価値を認められたのです。純粋に芸術に打ち込んで書き続けてきたからこそ、大きなご褒美となって返ってきたのです。

大切なのは、目先の金銭などにとらわれず、自分の持っているものを先に渡すということです。それが相田さんのような作品であれ、身口意であれ、同じことです。
見返りを期待したり、自分から「これをしてあげるのは、このくらいの価値がある」と勝手に決め込んでしまうとうまくいきません。

相手に何かを期待せず、先に渡す布施は、必ず自分に戻ってきます。

見返りを期待しないで、自分にしか出せない価値を提供する。

12 他の人の幸せを考える

「ぼたもち」と「おはぎ」の違いを知っていますか？

春と秋、お彼岸のときに佛様《ほとけ》にお供えしますが、同じものを春のお彼岸では「ぼたもち」、秋のお彼岸では「おはぎ」と呼びます。

これは、春は牡丹の花が咲く頃なので「ぼたもち」、秋は萩の花が咲く頃なので「おはぎ」と言うようになったのだそうです。

では、どうして「ぼたもち」や「おはぎ」を佛様にお供えするようになったのでしょうか。現代の私たちには理解しにくいことかもしれませんが、昔は、白米といえば大変貴重な食べ物でした。そのお米を炊き上げておもちを作り、お米と同じくらい貴重なあずきと砂糖を混ぜて作ったあんで包むのですから、それはそれは特別なご馳走だったのです。

そのような最高のご馳走を、心を込めて佛様にお供えし、家族が揃っていただくのです。

そこには佛様を敬い、互いの幸せを思いやる、昔の人のつつましい祈りが込められていたのです。

しかも、大事なのは、そのご馳走を自分たちだけでいただかずに、隣近所の人たちにも配って、みんなに食べてもらっていたということです。

これも、仏教で言うところの「布施」なのです。

誰かの幸せのために「布施」をするのは素晴らしいことですが、強制的に自分に課すと重荷になってしまいます。四六時中そのことばかり考えているわけにもいかないでしょう。

であればせめてお彼岸に、誰かの幸せを考えてみませんか?

おいしい「ぼたもち（おはぎ）」をいただきながら。

いつもでなくていいから、他人の幸せのために布施をする。

13

お金を儲けて、人のために使う

私は、慈眼寺の住職であり、秩父こども園の理事長でもあります。ときには経営者としてお金のことを考えなくてはなりません。

以前の私はお金のやりとりをするのが少し苦手でした。住職という役目もあるからかもしれませんが、お金をいただくことにどこか後ろめたさがありました。なんとなく、自分が欲深く、金儲けに走っているように思えたのです。

そんな気持ちがふっと楽になったのは、マザー・テレサの話を聞いたときでした。

マザー・テレサは、皆さんがよくご存じのとおり、コルカタ（カルカッタ）の貧民街で、誰からも手を差しのべてもらえない人たちを受け入れ、献身的な奉仕を続けてきた素晴らしい女性です。

そのマザー・テレサが、いつもお金のことを考えていたというのです。

意外に思う人もいるかもしれません。ですが、多くの人を救うためには、確かに多くのお金が必要です。そのため、彼女はどうすればたくさんのお金を教会に集められるだろうか、と考えていたのだそうです。

この話を聞いて、「あぁ、お金のことを考えるのは悪いことではないんだ。必要なところに使えばいいいんだな」と思えるようになりました。

道元禅師の教えに「治生産業固《もと》より布施に非ざること無し」という一説があります。これは「政治も産業もみんな布施である」ということです。この教えもまた、お金儲け自体が悪いことではなく、手に入れたお金をどう使うのかが大切だと説いてくれているように思います。

自分のためだけにお金を使おうと思うと、人は離れていきます。反対に、ほかの人のために使おうとすると、人が集まってくるのです。目的が明確なほど、それは顕著に表れるし、そのためにお金を扱うことも楽しい作業になるでしょう。

お金儲けは悪くない。お金をどう使うのかが大切。

14

今あるものに感謝する

京都・龍安寺のつくばいにある「吾唯足知（われただ足るを知る）」の4文字はとても有名です。これはお釈迦様の説いた教えを図案化したものだと言われています。

4文字の意味を今あるもので我慢すると受け取る人もいるようですが、私は、今、あるものに感謝をするというようにとらえています。反対にあるものに満足できない人は、不知足な人ということになります。

「足る」と思うか思わないかはとらえ方一つです。

同じものでも、「これしかない」と感じるか、「これだけある」と感じるかです。それによって気持ちの持ちようは大きく異なります。

2012年アメリカで作られた、『happy-しあわせを探すあなたへ』というドキュメンタリー映画があります。世界5大陸、16ヵ国を訪れ、心理学者や脳医学者とともに、「幸せになる方程式」を探っていくという内容ですが、とても興味深い発見がいくつもありました。

たとえば、映画の最初にインド・コルカタの貧民街に住む貧しい人力車ドライバーの男性が登場します。雨漏りする住まいでも、彼は幸せだと話します。「雨が降るとびしょびしょになるけど、晴れると星が見える。家族がいれば僕は幸せ」と笑います。映画の中では、このドライバーは大半のアメリカ人と同じくらいの幸福感を抱いていると紹介されていました。

つまり、ものの豊かさでは幸せの度合いは測れないのです。

同じ物でも、「これだけある」と思えば人に分けてあげることができますが、「これしかない」と思えば、人に分け与えることができません。どちらの考え方が幸せを感じられるでしょうか。どう受け取るかを決めるのは、あなた自身です。

「これだけある」と思うか、「これしかない」と思うかはあなた次第。

15

知らない誰かに少しお金をあげる

『ペイ・フォワード　可能の王国』という映画があります。１９９９年に発表された小説を原作に映画化され、日本でも上映されました。

中学生のトレーバーは、社会科で出された課題「世界を変えるために、実行できるアイデアを考えること」の答えとして、誰かに親切にしてもらったら、それを「その人に返す」のではなく、「ほかの誰かに渡す」ことを思いつきます。そして、その活動がどんどん広がっていくというお話です。

私たちは、誰かに助けてもらったら、その人にお返しをしなさいと教わってきましたが、ペイ・フォワードのように、渡しっぱなしの善意があってもいいのです。

そして、映画『happy-しあわせを探すあなたへ』の中でも、みんなのためにお金を使うという事例が出てきます。誰かのためにお金を使うことで幸福度が上がるのです。

私にいつも多くのことを学ばせてくださる福島正伸先生も、ひそかに誰かを喜ばせる行動を取っていました。たとえば、自動販売機で１２０円のジュースを買うときに、１００円玉と50円玉を入れてもおつりをそのままにするのです。すると、次にジュースを買った人は、「おつりが多いな、ラッキー！」と喜びます。そう思うと福島先生もうれしくなります。どちらも幸福度が上がるのです。

あまり金額が大きくなると、渡すほうも受け取るほうも負担になりますから、負担のかからない小さな金額がいいのです。

なんとなく気分が沈んでしまったとき、気持ちを立て直したいときに、小さな「ペイ・フォワード」をしてみてはどうでしょうか。道元禅師も「報謝を貪《むさぼ》らず（見返りを期待しないという意味）」と説いています。誰かを幸せにすることで、自分自身も幸せにしてもらえるのですから。

ひそかに、知らない誰かに親切を。返してもらおうなどと思わない。

16

恩返しではなく「恩送り」をする

誰かに親切にされたら、その人に返さず、ほかの人に渡す。この「ペイ・フォワード」の精神は、実は、古くから日本でも行われていたのです。

日本では、これを「恩送り」といいます。

以前から「ペイ・フォワード」をうまい日本語に置き換えられないかと探していましたが、「恩送り」という言葉がとてもしっくりはまると気づきました。

「情けは人のためならず」ということわざがありますが、これも「恩送り」のことを伝えています。「人に情けをかけると、それは巡り巡って、いずれ自分のためになる」という意味です。

しかし、最近の日本では、このことわざの意味を、「情けをかけても、結局はその人のためにはならない」と誤って解釈して使っている人が増えているそうです。

２０１０年に実施された文化庁の「国語に関する世論調査」では、後者の誤った使い方

をしている人が全体の45・7％、そのうち60歳以上の回答を除けば、回答者の半数を超えていました。

古語に対する理解が減り、誤解している向きもあるのでしょうが、日本人が本来もっている心情が置き去りにされてしまったようで、少し寂しい気持ちにもなります。

しかし、このような現代にこそ、「恩送り」がいるのです。

人と人との関係が希薄になっている状態では、親切をその人にお返しする「恩返し」よりは、まったく違う誰かに渡し、関係が一方通行の「恩送り」のほうが行いやすい面もあります。

曹洞宗で読む修証義《しゅしょうぎ》というお経に、「人類争《いかで》か恩を知らざらん」という一説があります。これには、「人として生まれたからには、恩に報いずにはいられようか」といった意味があります。あなたは、今までいただいたたくさんの恩を誰に返したいと思うのでしょうか。

誰かに親切にされたら、他の人に親切にしよう。

17

他の人の夢を応援する

現代人には「夢」を抱けない人が多いそうです。どんな夢でもいいと言われても、思い浮かばない人もいるでしょう。そんなときは、誰かの夢を応援することから始めてもいいのです。芸能人でも友人でも、家族でも、誰でもいいのです。

たとえば、先ごろ、80歳でエベレスト登頂を果たした三浦雄一郎さんのように、前人未到の夢を実現する人がいます。しかし、この夢は彼一人の力では成し遂げられなかったでしょう。彼を支えるご家族やたくさんのサポーターの応援があればこそ、無事に登頂することができたのです。彼の夢をかなえること＝自分の夢の実現と思っていた人も多かったはずです。

三浦さんのように大きな夢を抱き、かなえられる人はとても稀ですが、もっと身近な、ささやかな夢に向かってがんばっている人はたくさんいます。その人たちが夢に近づいて

いくワクワク感を共有してみてください。ワクワクする感覚は、人を前向きにします。それを繰り返していると、自分の夢も見つけやすくなるのです。

中には「どの人の夢を応援するかで迷う」人もいるかもしれませんね。そんなときは、近くにいる人にまず、決めてしまうのです。一人に絞るのが難しければ、とりあえず複数の人を応援してみるという手もあります。応援して「ちょっと違うかな」と思えば、その人でない、別の誰かの夢を応援し直せばいいでしょう。

法華経には「随喜《ずいき》」という言葉がたくさん出てきます。「随喜」は人の善行をともに喜ぶことです。誰かの夢を応援し、ともに喜び、ともに感動する。あなたが「随喜」を実感する相手は、どこにいるのでしょう。

もしかすると意外なほど身近にいるかもしれませんね。

誰かの夢を応援すれば、
自分も夢を見つけられる。

18 小さな達成感を積む

人の夢を応援するのも夢とお話ししました。ですが、あなた自身が自分のサポーターになってみるというのは、いかがでしょう。


「今日一日、こうやってすごそう」

と決めたことを、今日の夢ととらえてみてください。

そして、決めた予定を一つひとつクリアするごとに、

「すごい！　できたじゃない！　あなたってすごい！」

と、サポーターである自分が、自分をほめるのです。


誰も見ていなくても、できたことをないがしろにせず、きちんと声に出すのです。自分をほめることは、ものごとを前向きに取り組む姿勢をつくります。

ものごとをやり遂げると、人の脳内には、ドーパミンと呼ばれる物質が分泌されます。ドーパミンには人に幸福感をもたらし、やる気を起こさせる働きがあると言われています。小さな達成感を繰り返すと、どんどんドーパミンが分泌され、だんだん前向きな姿勢になっていきます。「次はもう少し難しいことに挑戦してみようかな？　その次はもっと……」と、夢を大きくしていくことができるのです。

最初から手の届かないようなことに挑戦すると、「できなかった」というマイナスの感情が残ります。気持ちの切り替えがうまい人なら、「次でがんばろう」と思えるのですが、夢を模索している段階では、あまり大きなものよりも小さなものをコツコツとクリアしていくほうが達成感を味わえます。

簡単なメモ書きでも構いません。一日のタイムスケジュールや、やることリストを作ってみましょう。具体的に書き出すことで頭も整理されます。一つできたときに、ラインで消します。そして、同時にほめます。すると、より達成感が大きくなるのです。

決めたことが一つできたら、自分で自分をきちんとほめよう。

第3章

愛語《あいご》

仏教の教えの中に
「和顔愛語（わげんあいご）」という言葉があります。
人に接するときには、
おだやかな笑顔と思いやりのある話し方で
接しましょうという意味です。
愛語は、心のこもった言葉のことです。
言葉は使い方次第で
気持ちをプラスにもマイナスにも変化させます。
もっとうまく言葉を使いこなせたら、
間違いなく人生が楽しく
豊かになります。

19 自分にポジティブな言葉をかける

あなたは、一日のうちどれだけ人と会話していますか？

人によって、その時間はさまざまだと思います。では、自分とはどれだけ会話をしていますか？　意識していないかもしれませんが、人は、ほかの人と会話する以上に自分と会話をしています。声には出しませんが、絶えず思考し、何かを話しかけているのです。

しかも、自分にかけている言葉の7、8割はネガティブな言葉だといわれています。知らず知らずのうちに、自分で自分を後ろ向きな気持ちにさせ、前に進むのを妨げているように思うのです。

でも、自分にかける言葉は自分で決めることができます。ポジティブな言葉をわざと使うようにすればいいのです。「大変、面倒くさい」をやめて、「楽しい！　成長するぞ！」と自分に話しかけてみてください。自分にプラスの言葉をかけ続けると、だんだん心が強くなり、自分の軸もぶれなくなってきます。そして、自分の姿勢が変われば、前に開ける

道も当然変わってくるでしょう。

私も以前は、ずいぶん愚痴っぽかったと思います。それを意識して変えているうちに、あまりネガティブな言葉が思いつかなくなりました。今では、自分に何か問いかけをしても、導き出される結末はいつも明るく、楽しいものになってきています。

道元禅師の教えにも、愛語を好んでいると「見えざる愛語も現前するなり（日ごろ気づかなかった愛語も現れるでしょう）」とあります。日ごろから心がけておくことが大事なのです。

もちろん、絶対に愚痴ってはいけないわけではありません。ときには、ネガティブな言葉が口から出ることもあります。そんなときは、「あ、また言っちゃった。まだまだだなあ」と、自分のことを認め、励ましてください。これを繰り返すことで、あなたの心はさらに強くなっていきます。

愚痴はやめて、楽しい気持ちになる言葉をかけよう。

20

「愛語ノート」をつくって意識を変える

人は放っておくと怠けます。それと同じように、自分に対してはネガティブな言葉をかけがちです。だから、意識してわざと自分にポジティブな言葉をかけることが大切です。

とはいえ、ポジティブな言葉は、慣れていないとなかなか思いつかないかもしれません。そんなときのために、「愛語ノート」をつくるといいと思います。

自分をほめる言葉、やる気になる言葉を、いくつもノートに書き留めて、いつでも見られるようにしておくのです。

言葉はなんでもいいのです。

あなたが、「こう言われたらうれしい、楽しい、やる気になる！」という言葉を思いつくままに書き出してみてください。

意識して、自分にポジティブな言葉をかけよう。

「さすが！　すごい！　えらい！」

とほめてあげたり、

「人生に失敗はない！　困難は成功のチャンス！」

と励ましたり。

誰に見せるものでもありません。好きなことを書けばいいと思います。

ある営業マンは、自分がやる気になる１００個の言葉をノートに書き、営業で家庭を訪問する前に、必ずそれを読んでから向かうようにしたところ、商品の成約率があがったそうです。

成果は、手法×姿勢のかけ算の答えですから、姿勢がプラスになるほどいい結果につながるのです。

21

本人ではなく他の人に向かってほめる

道元禅師の残した言葉に、「愛語よく回天の力あることを学すべきなり」というものがあります。愛語とは、やさしく、心のこもった言葉のこと、「回天の力」とは、世界の天地をひっくりかえすような大きな力という意味です。つまりは、言葉にはそのくらい大きな影響力があるということです。

また、道元禅師は、愛語について、

「向かいて愛語を聞くは面を喜ばしめ、心を楽しくす。向かわずして愛語を聞くは、肝に銘じ魂に命ず」

ともおっしゃっています。これは、面と向かってほめられるのもうれしいけれど、他の人からほめられていたと教えられるともっとうれしいということです。

「○○さんが、あなたのことをほめていましたよ」と聞くほうが、直接自分がほめられるよりも心に残るのです。

直接ほめられるより、他の人から伝わるほうが心に残る。

この教えは、私と秩父こども園の教職員とのコミュニケーションにも、とても役立っています。あれこれ掛け持ちしている私が園の人たちと直接会える機会はそう多くありません。ふだんの仕事ぶりを見ていたとしても、それを本人に伝える機会はほとんどないのです。そこで、園長に「○○さんは、最近すごくがんばってるね」「△△さんの提案してくれたアイデアはすごくおもしろい」などと、メッセージを託します。

そのほうが、私が直接伝えるよりも、相手のモチベーションは上がるようです。私の言葉が、園長や他の人を伝わって相手をやる気にさせるのです。まさに、回天とまではいかなくても、「回転」の力なのです。

教職員がイキイキ、のびのびしていると、子どもたちもイキイキ、のびのびします。言葉一つが園の雰囲気にも関わりますから、慎重に、丁寧に思いを伝えていきたいと思っています。

22

口に出して伝える

「感謝」の「謝」は、ごんべんに射ると書きます。

これに気づいたとき、なるほどなと合点がいきました。

言葉は口に出して放たないと伝わりません。夫婦や親子など近しい人ならなおのこと、言わないと伝わらないのです。日本人は、言葉に出さなくても相手が察してくれることを期待する傾向がありますが、実際には、言われないとわかりません。

たとえば、我が家は洗濯機が1階、洗濯物を干すベランダは2階にあり、家族全員の洗濯物をかごに入れて2階に持って上がらなければいけません。ふだんは妻がやってくれていますが、彼女から頼まれたときは、私が持っていきます。

最近わかったことですが、妻にとっては、私に「今日は疲れたな」と言うのが、「洗濯物を持って上がってほしい」という合図だったそうです。しかし、私はそのことを察することができず、動きません。それで妻は「なんで察してくれないの？」と腹を立て不機嫌

になっていました。

一度、このことを妻と話し合い、ようやくなぜ妻が不機嫌なのかがわかりました。今は、私が察するのが苦手と妻が諦めて、「今日は疲れているので、洗濯物を2階まで持って行ってもらえる？」と頼んでくれます。

私も、妻の作ってくれた料理に、「うまいね」「いいね」と感想を言うようになりました。いくらおいしいと思っても、やはり口に出して言わないと伝わらないのです。

道元禅師の教えに「顧愛の言語を施すなり」という一文が出てきます。ひとことで言えば「思いをかけて愛ある言葉をかけましょう」という意味になります。

家族や近しい友人に、「言わないでもわかってくれている」と、伝えていないことはありませんか？　一度口に出して伝えてみると、お互いの関係がもっと強く結びつきます。

ぜひ、思いやりの気持ちをもって、やさしい言葉をかけてみてください。


思いやりの気持ちも、伝えなければ伝わらない。

23

「大丈夫」を口癖にする

今だからお話できますが、幼稚園の経営は、ほんの数年前までかなり厳しい状態が続いていました。どれくらい厳しかったかというと、資金ショート寸前、廃園の噂が流れ、来年までもつのかと、周囲から心配されるくらいに厳しかったのです。教職員は不安だったかもしれませんが、私は、つねに「大丈夫」と言っていました。

昭和59年に秩父に帰って、経理の勉強をし始めた私は、しばらくすると、園の経営の数字も見ることができるようになりました。数字を見てわかったことは、経営がピンチだということ。私はなんとか赤字を解消しようと、当時の教職員たちに、数字の話をするようになりました。「このままでは経営が厳しい状態が続く。お給料も下げなくちゃいけなくなるよ。がんばろう！」と、しつこいくらいに説明したのです。しかし、教職員たちに必死に説明するほど、園の経営はどんどん苦しくなりました。

いま思えば当たり前のことなのです。私がネガティブなことばかり言っていたので、教職員もネガティブになり、空気に敏感な園児たちもネガティブになります。そして、それは親御さんにも伝わるのです。こんな幼稚園・保育園では、大事な子どもを預けたいとは思わないでしょう。

当時はそこまで思い至りませんでしたが、とにかく苦しい、危ないと口に出していたら、本当にその通りになってしまったのです。

それで数字を追うのをやめ、代わりに、「大丈夫」と言うことにしました。うまくいくと信じていれば、かならず結果があとからついてくるだろうと思ったのです。そして、本当に大丈夫になりました。

ちなみに、大丈夫というのも、実は仏教用語なのです。仏教では、菩薩を意味する言葉とされています。「大丈夫」という言葉には、菩薩様がそばにいてくれるような、そんな心強さを感じます。

ネガティブなことを言う代わりに「大丈夫」と言えば大丈夫になる。

24

「先生」と「計画」と「仲間」を大切にする

お経には、とてもいい言葉がたくさんありますが、一般の人には、なかなかわかりにくいものです。とはいえ、いいものはご紹介したい。そんな思いで、私なりの解釈でわかりやすい言葉に置き換えてご紹介するようになりました。

ここでご紹介する「幸せな人生を送るための三つの宝物」もその一つです。

仏教では、三つの宝物・三宝「佛法僧」を大切にします。私は、三宝こそ幸せな人生を送るための三つの宝物だと気づきました。以下、私の解釈です。

「佛《ほとけ》」は先生のことです。これは学校の先生だったり、人生の先生だったり、正しく人生を導いてくれる人のことです。

私は、自分がなにかの課題にぶつかると、よくセミナーや講演会に話を聞きにいきます。現代では、これも一つの「佛」との出会いだと思っています。

「法」とは、幸せな人生を歩む設計図のことです。会社や団体では、一つの事業の最初から終わりまでを事業計画書にまとめます。私たち一人ひとりの人生にも、ライフプラン計画書が必要なのだと気づきました。

計画書を作ると、目的意識がはっきりとして、日々の暮らしが充実してきます。

「僧」とは、仲間のことです。同じ志を持つ仲間。家族ももちろん仲間です。人は一人では生きていくことができません。支えたり、支えられたり、助け合いながら生きていきます。それだけに、仲間の存在はとても大切です。

たった3文字の言葉ですが、とても奥深い意味を持っています。あなたは「佛法僧」の宝物を持っていますか？　この機会に、もう一度考えてみてください。


「佛法僧」の三つの宝物を探し出せば、幸せな人生が送れる。

25

決めたことは繰り返し言う

何か楽しいことを思いついて、「よし、やろう！」と思ったら、とにかく口に出して言うようにしています。

人は忘れっぽい生き物です。私もすぐに忘れます。でも、口に出して言っておくと誰かが覚えていてくれたりします。口に出して言って、ほかの人の頭を少し拝借しています。

誰かにものごとを伝えるときに、難しい言葉をできるだけ使わずに、相手の人がちゃんと理解してくれるまで根気よく言うことも大切です。

たとえば、業界用語をたくさん使って話す人がいますが、同じ業界の人ならともかく、業界の外にいる人にはチンプンカンプンです。へたをすると、誤解を招くこともあるかもしれません。

ただ言葉を言えば伝わるのではなく、相手が正しく受け取ってくれて初めて「伝わる」のです。これも人に何かを言うときの大切なポイントです。

少し話はそれますが、私は以前、どうしてお経を読むのかが、胆で理解できていませんでした。ご葬儀や法事の時は別として、一人でいるときにもお経を読むのはなぜだろうと思っていたのですが、ある日、「あぁ、そうか」と気づきました。

お経を読むのは、その教えを忘れないためなのです。人は忘れやすく、すぐに楽をしようとします。だから、忘れないために、怠らないために、お経を読むのです。

仏教の理想は、みんながハッピーに暮らせる世界をつくることです。

そのために必要なことを声に出して、繰り返し読むのですから、とてもありがたいことです。決めたことを口に出して言う。繰り返し言う。これによって理想の実現に近づいていくのです。

決めたことを口に出し、繰り返せば、実現に近づいていく。

26 困難や課題にぶつかったら感謝する

臨済宗中興の祖と言われる白隠禅師という方がいます。禅師は、幼いころにお寺で聞いた地獄の恐ろしさに取りつかれ、仏門に入られたと言われています。後年、地獄こそ仏教の悟りに自分を導いてくれたとして、「南無地獄大菩薩」という言葉をよく書かれたそうです。

私は初めてこのお話を聞いたとき、その意味がよくわかりませんでした。でも、今は少し理解できてきました。私たちは、困難や課題にぶつかったときにこそ成長できるのです。もちろん、何かの好意をいただくこともありがたいですが、困難や課題もまたありがたいものなのです。

たとえば、具合が悪くなることも、私たちに教えてくれることがあります。体調を崩すとふだんしていることができなくなったり、食べたものがおいしく感じられなかったりします。そうなって初めて私たちは「健康はありがたいものだ」と気づくのです。そして、もっと体をいたわってあげよう、心を休めてあげようと、日ごろの生活を見直すようになります。

もしもお寺も幼稚園・保育園の経営も最初から順風満帆だったら、私は、今のようにはなれなかったのです。以前の私はものごとをネガティブにとらえがちでしたから、そのままでいたら周囲にも嫌な思い、つらい思いをさせていたに間違いありません。その上、私自身も人生を楽しいと感じることができなかったでしょう。

しかし何度も苦しい状況になったからこそ、さまざまな気づきがあり、学びがありました。そして周囲の人にも素直に感謝ができるようになったのです。

地獄への恐れから悟りを得られた白隠禅師のように、私も、さまざまな困難や課題があったからこそ、成長できたと思います。

その意味では、「南無困難大菩薩」「南無課題大菩薩」なのです。

困難や課題にぶつかったときこそ、私たちは成長できる。

南無困難大菩薩
南無課題大菩薩
南泉

第4章
利《り》行《ぎょう》

利行とは、
相手に幸せをもたらす行いをすることです。
言葉で相手を支援するのが愛語ですが、
行動で他者を支援するのが利行です。

一日にひとつ、
誰かのために何かをしてみませんか？
誰かを助けられる人は
誰かに助けてもらえる人でもあるのです。

27

物事の裏を追及しない

テレビを見ていると、なにかの事故や事件が起きたときに、報道陣が「本当のことを教えてください」と詰め寄るシーンを見かけます。

その内容にもよりますが、私は、「真相よりも大事なことがあるんじゃないか」と思うことがあります。

確かに真相は明らかにされたほうがいいかもしれません。でも、真相がわかれば事故や事件が解決するのかというと、そうとも限りません。解決どころか、ますます混迷して当事者がつらくなる場面もあるのではないかと思うのです。

「善悪のふたつ、総じてもって存知せざるなり」

これは、歎異抄という仏教の教本に出てくる、親鸞聖人がおっしゃったという言葉です。

私なりの解釈を簡単な言葉でお伝えするならば、この世の中に善だけ悪だけと判断できるものはないということです。

思うに、物事に表があれば、必ず裏がありますし、裏があるから表が出るのです。

なぜ、こんなことをお話するのかといえば、裏を返す作業は、幸せからどんどんかけ離れていくことだと思えて仕方がないからです。

物事のマイナス部分にフォーカスすると、そのことばかりが気になって、いいものが見えてこなくなります。本当に大切なものが見えなくなってしまうのです。それがよい結果を招くとは考えにくいと思います。

私も以前、重箱の隅をつつくようなことをしていた時期がありましたが、今は細かいことは気にしないと決めています。いいところだけ見るから成長できるのです。人間の心のキャパシティにも限界があるのか、ずっといいところを見ているだけでも、時間が足りないくらいなのです。

いいところ探しをしていると、裏返すような作業をしている時間がもったいないと感じてきます。

いいところを見るだけでも時間は足りない。

28 原因ではなく解決法を探す

私がお寺を継いでしばらくしたころです。

秩父市の都市計画に基づいた区画整理があり、お寺の墓地を移動しなければならなくなりました。都心のお寺では、古くから火葬が行われていますが、秩父の田舎のお寺です。昭和になっても土葬された方はたくさんいらっしゃいました。そんなお墓を掘り起こされるわけですから、檀家さんが、「どうして、今になって」と反対する気持ちもわからないでもありませんでした。皆さんと話し合いに話し合いを重ね、結局、6年もかかってようやく同意に至りました。

当時の私は、檀家さんが「なぜ反対するのか」と原因探しばかりをしていました。でも、話を聞き、できるかぎりの解決案を提案しましたが、気持ちはなかなか交わりません。それに、原因を奥の奥まで突き詰めていくと、怒っているご本人にもその理由がよくわからなかったりするものだともわかりました。つまり、原因を探っても、解決には結びつきに

くいこともあるのです。そして、ようやく「反対する理由ではなくて、どうすれば納得してもらえるのかを聞いてみようか」と気持ちを切り替えたのです。

原因探しをすると相手と対決する姿勢になりがちですが、解決法探しなら、ぐっと相手の立場に寄り添うことができます。

実際、「どうするのがいちばんいいのかな?」と問いかけてみると、檀家さんの態度はどんどん軟化して、話し合いを前に進めることができました。最初はとっくみ合いの喧嘩をしそうになるほど険悪な状況から、終盤は、肩を組んで笑い合えるまでになったのです。

原因を究明することだけが、解決法ではありません。原因がわからなくても、ものごとは解決することができるのです。

檀家さんとのやりとりの中で学んだ、大きな収穫です。

原因がわからなくても解決できる。相手の立場に寄り添おう。

29

相手が自分でできるように助ける

利行というのは、「ほかの人のためになることをする」ということです。

では、人のためになることってなんでしょう？　なんでもかんでも、相手が喜んでくれることをすればよいのでしょうか？

そうではないと思います。

相手が自分で解決できるような問題をまるごと解決してしまう行為は、利行とはいえないでしょう。

それよりも、相手が問題を解決するためのヒントを提供したり、自己成長をうながすようなきっかけづくりをすることが大切です。

たとえば、

緊張でガチガチになっている人の気持ちをほぐしてあげる。

一人で行く勇気がないという人と一緒に行ってあげる。

最初の一歩を踏み出せない人の背中を押してあげる。

それも、「はい、あとはがんばって」と突き放すのではなく、相手が自分から「よし、がんばるぞ」と動き出せるようなきっかけを提供することこそ、利行ではないかと思うのです。

こども園の園児を見ていても、それを思うことがあります。

子どもは一人ひとり成長の進み方が違いますが、どんなに遅い子であっても、他の子のペースに合わせて手伝ってしまうのは、あまりいいこととはいえません。たとえ遅くても、自分の目の前にある課題を乗り越えていくのを応援し、ときには手を差し伸べるくらいがいいのです。

その分、子どもは成功体験を多く味わって、幸せを感じて育っていくのです。

利行とは相手をやる気にさせること。代わりにしてあげることではない。

30 いいと思ったらすぐ実行する

みんながハッピーになれることは、まず実行に移してみることです。

「今までに前例がないから」

「計画内容が詰まってないから」

「それは時期尚早じゃないの？」

と、引き止める人が必ず現れます。それが、普通です。

でも、まず先にやってみる、

私はそういう行動を心がけています。

もちろん、思いつきで動いて、思う通りに進めないこともあります。でも、何か課題が見つかれば、それを解決すればいいのです。軌道修正はあとからでもできます。

今、秩父を、住む人にとっても訪れた人にとっても幸せな街にしようと、さまざまなアクションを起こしています。行政に相談もしていますが、まず、自分たちでできる部分か

ら先にやっちゃおうと、みんなで楽しく活動を続けています。

すぐには実現できないこともあります。

でも、締め切りを決めるのも自分自身です。5年でできなくても、10年、15年と続ければいいのです。どうしてもやりたいことなら、できるまであきらめず続ければいいだけです。やり続けている間には、ノウハウが蓄積されます。ノウハウが財産になります。

あれもダメ、これもダメと、ネガティブなことばかり考えていると、その気持ちにがんじがらめになって、脳がストップしてしまいます。

それを、「これができたらどうなるだろう」「できたらどんなに楽しいかな」と、考えを切り替えてみてください。

思い切って、新しい一歩を踏み出してみたくなりませんか？

できない理由を考えるより、やってみて軌道修正すればいい。

31 イライラしている自分を笑う

仏教では、幸せな人生を送るためには、三つの毒「貪瞋痴《とんじんち》（＝貪る、怒る、愚痴る）」をやめようと教えています。

この三つの毒と関わりがある感情がイライラです。

イライラするのはどんなときでしょう？

あの人ばかり恵まれてずるい！

相手が思い通りに動いてくれない！

文句を言われて嫌になっちゃう！

「貪瞋痴」にとらわれていると、気持ちをニュートラルな状態で保つことができません。

しかも、悪いのはすべて相手のほうだと思い、相手をコントロールしようとして思い通りにならないから、イライラするのです。

つまり、イライラの原因は、実は自分の中にあるのです。無意識に相手に依存し、都合のいい展開を期待しているからイライラするのです。

私は、そのことを教えていただいてから、相手に依存せず、原因を自分に求めるようになりました。わかってもらえないのは、伝え方が悪いのかもしれないな。そう考えるようになったらイライラする回数が激減しました。

今でもまったくないわけではありませんが、たまにしか起こらないので、

「おっ！　ひさしぶりにカチンときたな」

と、その状況を笑えるようになったのです。

ものごとは、受け止め方次第、考え方次第。どうとらえるかを決めるのはあなたです。できれば、「イライラしちゃった。おもしろい！」と笑えるような毎日になるよう願っています。

イライラするのは、自分が原因。

32 手放す勇気を持つ

これも、昔の私に言ってあげたい言葉の一つです。

今でこそ、いろいろな作業も積極的に人に手伝ってもらいますが、以前はなんでも自分でやろうとしていました。

たとえば、お寺やこども園の法務的なことも、弁護士さんに相談する前に、書店で法律の本を買って読み、ある程度の知識を得ていました。

幼稚園の音楽も、自分で作曲をしようとしたことがあります。プロに任せたほうがいいに決まっているのに、どこか任せることに不安があったのです。

そして、何でも自分で抱え込んで、「誰も手伝ってくれない」と怒っていました。

しかし、抱え込んで大変な思いをして学んだことは、何でも抱え込む人は応援されないということです。抱え込むと一人になってしまうのです。

反対に、「これ苦手だなぁ、誰か手伝ってくれないかなぁ」と、弱いところをさらけ出

し、ものごとを手放せる人は、いろいろな人から応援してもらえます。応援してくれる人が多いということは、それだけ、できることも増えるということになるのです。

以前はこども園の教職員を私一人が管理し、あれこれ指図をしていました。教職員のモチベーションはなかなか上がりませんでした。今は、教職員にお任せできることはすべてお任せしています。私が必要なのは、最後の承認印を押すことくらいになっています。

それでもこども園の雰囲気はどんどんよくなり、教職員もやる気に満ちています。若い教職員たちは自分たちの感性を発揮してどんどん楽しんで仕事をしています。それくらい仕事を楽しんでくれるのは、私にとってもうれしいことです。

「放てば手に満てり」

道元禅師の言葉です。欲望や執着を手放せば、新しいもの、大切なものを手にすることができることを教えてくれています。

抱え込む人は応援されない。信頼して任せるとお互い幸せになる。

33

お互いの違いを認め合う

「あの人って、本当に自己中心的だよね」

ほめられていないことは明白です。なんでも自分を中心に考えていると、なかなかよい人間関係を築くことができません。

とくに年配の男性は気をつけてください。本人の気づかないうちにジコチュウ（自己中心的）な人になっているかもしれません。

こんなふうに自分だけのことを考えている人を、仏教では「我利《がり》我利《がり》」と呼びます。我利我利亡者などと使われたりもします。こういう人は幸せになれないとされています。

今は多様性の時代だといわれています。

世の中に自分とまったく同じ考えの人など一人もいません。それが当たり前のことです。みんな違いがありますし、違うからこそ、互いが補いあって新しいものが生まれてくるのです。「お互いに違いがあっていいよね」と、違いを認める視点を持つことが大切です。

自分のことばかり考えない。他人の幸せを願う時間を持とう。

自分だけを基準にした「我利我利」にとっては、さらに厳しい時代といえそうです。

「我利我利」と相反する言葉に「自利利他」があります。ひとことで言えば、自分だけでなく、他人とともに幸せになるということです。今の時代、他の人のことを慮《おもんぱか》る姿勢が大切だと思うのです。

私のお寺では、毎月8日の御祈願会に参加してくれた方々に、「皆さん、ここに集まっている他の方の願いがかなうように念じながらお焼香をしてください」とお願いしています。

そうすると、自分以外の他の人が自分のために祈ってくれることになり、全員の願いがかなうようになります。誰かのためにすることで、ほかの人とつながっていくこともできます。

34 自分に厳しくしすぎない

何か思い通りにならないことが起こったときに、人のせいにせず、自分に原因を求める姿勢が大切です。ただ、「原因は私にあるのだから、なんとかしなくては」と、一切合切の責任を負おうとすると、とても大きな負担になるものです。

お寺の住職、幼稚園・保育園の理事長に就任したころの私もそうでした。「私一人にこんなに大きな責任を負わせるのか」と腹を立てたことがあります。本当は誰も、私一人に負ってほしいと言ったわけではなかったのですが。

責任感の強い人ほど、背負い込むものが大きくなります。つねに過度の緊張が続き、結果的に心や体が弱ってしまいます。人生には適度な心の張りは必要です。でも、張り過ぎはよくありません。ちょうどいい塩梅でいることが大切です。

お釈迦様は29歳で出家し、6年間、とても過酷な修行に身を投じます。このままでは体がもたないと山を下り、川のほとりで沐浴をしました。それから、菩提樹の下でゆったり

と座ったときに、村の人がこんな歌を歌ったのを聞かれたそうです。

「琵琶の弦、強く締めれば糸は切れ、緩けりゃ音色が悪くなる」

お釈迦様は、それまでの過酷な修行をやめ、この後、悟りの境地を開いたと言われています。

心も琵琶と同じです。張りつめすぎても、緩めすぎても、いい音色を奏でることはできません。バランスが大事なのです。

心が張り裂けそうになったら、声に出して、「またやっちゃった。バランスを戻すチャンス」と、自分の心を緩めてあげてください。

そのほうがいい解決策も出てくるし、まわりの人も助けてくれます。

ときには自分に緩くすると、いい解決策も出てくる。

35 人の目を通して自分を見る

誰でも自分のことはよくわからないものです。

若い人の中には、そのことで悩む人もいますが、わからなくて当たり前です。わからなくてもいいのです。

私たちは、鏡に向かえば自分の目や耳、鼻、口を見ることができますが、目でじかに見ることができません。背中もそうです。首が１８０度回転すれば別ですが、自分で自分の背中をじかに見ることもできないのです。

一方これは、自分以外の人には自分に見えない部分が見えているということです。望むと望まざるにかかわらず裏も表もみんな見られています。

どうやっても、自分の気づかないところを見られているのですから、隠そうとしても出てしまいます。それなら、「どこからでも、好きなように見てください」と観念して、自分をさらけ出してしまったほうが、すっきりします。

心を開くとそれだけ仲間が増えるものです。

ある合宿に参加しました。とうていお寺の住職が参加するような合宿ではなかったので、最初は自分の職業を言わずにいました。それなりに楽しく過ごし、合宿後半に思い切って自分が住職だと明かすと、いろんな人が住職、住職と、私に声をかけて寄って来てくれました。まわりの人にしてみれば、私が住職かどうかなどどうでもよいことだったのに、私だけが勝手に住職だとわかったらどうしようと心配していたわけです。

打ち解けていろいろ話をすると、相手が自分をどう見ているのかがわかってきます。自分の性格やクセなどにも気づいてくれ、自分では気づかない一面を教えてくれるのです。

私たちは、自分で自分のすべてを見ることはできません。しかし、人とのコミュニケーションを通じて、自分を確認することはできるのです。

だから、自分のことがわからないと悩む必要はないのです。

自分ではわからない自分のことを、周囲の人から教えてもらおう。

36 自分にできることから始める

私は今、地元で面白い事業を立ち上げようとしています。

それは、秩父にもっと人が集まり、交流し、幸せに暮らせるような環境づくりをすることです。少しずつですが、動き始め、共感してくれる仲間も集まってきました。本当にうれしいことです。

15年ほど前のことですが、私は父から住職を継ぐのとほぼ同時に、祖父の始めた幼稚園（現こども園）の理事長職も引き受けました。今でこそ、穏やかな気持ちでお世話をさせていただいていますが、引き受けた当初は、お寺のことでも、幼稚園のことでも悩みっ放しでした。

お寺では、県の都市計画によって墓地を移設せねばならず、檀家さんとの交渉に悩んでいました。また、幼稚園のほうも地域の園児数が減少し、思うように園児が集まらないのです。

問題を解決しようと、思いつく方法をあれこれ試すのですが、なかなかうまくいきません。檀家さんにも、家族にも、そして幼稚園の職員たちにも、ずいぶん迷惑をかけました。

そんな私でしたから、頭の中にあるのは、常に目先のことでした。どうやったら檀家さんが同意してくれるのか、どうやったら園児が集まってくれるのか。そんなことばかり考えていたのです。

しかし、悩み、苦しみ、失敗し、さまざまなことを経験して、徐々に自分の考え方が変わっていきました。するとどちらもうまく回っていくようになったのです。

悩みながらどんな気づきがあったのかは後ほどお話させていただきますが、ここでお伝えしたいのは、そのあとの話です。

目標が達成されると、私はもっと大きな目標に挑みたくなっていました。そこで思いついたのが、お寺と幼稚園をコアにして、秩父の町に貢献することはできないかということでした。

ゼロ歳児から6歳まで、人生のスタート地点を預かるこども園と、人生最後のお世話をするお寺の組み合わせですから、人の生の始まりと終わりがここにあるわけです。その場所から、人生は楽しいものだと発信することができたら素敵だなと思うようになったのです。

いろいろ考えを巡らせていくと、「秩父には大学がないし、地元での就職口も少ない。若者が集まれる教育の場所があるといいな。お年寄りのためのコミュニティも作りたい」などと、たくさんの気づき、アイデアが生まれてきました。

もちろん、一人の力でできることではありませんが、行政にだけ期待していても、なかなかうまくはいきません。まずは、自分のできることから始めてみることにしたのです。

でかけたあちこちで自分の夢を語ったり、相談をしたり、少しずつ行動を起こし始めると、いろいろなプロジェクトが本当に動き始めました。現在は、専門的な知識を深めるための専修学校や学童保育施設、地域の人が集まれるようなコミュニティ施設などを計画中で、数年後には実現する予定です。

ある会合で集まった仲間に、

「今までにないことでも、少しずつやり続けていると、そこに人が集まって、できることがあるね。秩父はこれで変わるね」

と私がいうと、その仲間は笑って、

「ご住職、もう変わりましたよ」

と言いました。

今は、秩父のことで精一杯ですが、自分の視点が変わり、意識が変わると、さまざまなものごとが変化するのです。しかし、この変化は、誰かが変えてくれるものではなく、自分でわざと変えることが大切です。

あなた自身が変えれば、世界は変わるのです。


できることから少しずつ始めれば、世界は変わっていく。

37

困難と課題をチャンスに変える

世の中に失敗はないとお話ししましたが、困難や課題はどこまでいってもなくなることはありません。目指すものが大きくなると、むしろ困難や課題も大きくなるのです。

仏教の四法印の中に、一切行苦《いっさいぎょうく》という言葉があります。世の中のすべては「苦」であるということです。ここでいう「苦」とは、「思い通りにならないこと」という意味です。つまり、世の中、思い通りにならないことばかりだと教えているのです。

困難や課題は、この「苦」に当てはまるものです。夢や目標に向かって進もうとすると、かならず、困難や課題が立ちはだかります。

しかし、その「苦」をどう受け止めるのかを決めるのは、自分自身です。

「こんなに思い通りにならないなんて、つらい、苦しい」と受け止めるのも自分自身です。

「これを乗り越えれば、もっと成長できるな」と受け止めるのも自分自身です。

受け止め方によって、まったく答えが変わってくるのです。

人生、思い通りにいかなくて当たり前ですから、あとは成長するしかありません。

そのことに気づいてからは、私は何か問題が起こるたびにワクワクします。以前なら頭を抱えてしまうようなピンチでも、

「そうきたか！　また成長できるな」と喜ぶことができるのです。

どうせ立ち向かわなくてはならない困難や課題なら、自己成長のために役立てないともったいないと思いませんか？　成長した自分をイメージして、ワクワク楽しく乗り切っていきましょう。

「これを乗り越えれば成長できる」と受け止めればチャンスになる。

第5章

同《どう》事《じ》

相手に与えるのは、言葉や行動だけ
ではありません。
言葉にならない
思いを与えることも
他者に対する布施行です。
これが、同事です。
ともに感動し共感する
互いに感謝をする
相手に思いを寄せるなど、
心を合わせて一つにすることが
同事なのです。

38

心の波長を相手と合わせる

禅の言葉に、「啐啄同時《そったくどうじ》」というのがあります。

「啐」は、雛が卵の殻を内側からコツコツつつくこと、「啄」は、母鶏が殻を外側からコツコツつつくことです。

卵を温めていた母鶏が、卵の中の雛の成長をどのように感じ取っているのかはわかりませんが、まさに外側からも内側からも同時に殻をつつきはじめるのです。

自然の計らいは、本当に美しいものです。

禅宗では、この言葉を師弟関係のたとえによく使います。

佛の教えを水にたとえ、師匠からコップ1杯の水を弟子のコップに移していくように仏法を伝える話をするのですが、そのお話をここでご紹介したいと思います。

まずはじめに、コップを上向きにします。伏せてあるコップには水を注ぐことができませんから。

次に上向きに置いたコップに水を注ぐのですが、コップは大きくても小さくてもいけません。また、傾いていれば中の水はこぼれてしまいます。

お互いにちょうどいいバランスになったとき、静かに仏法という水が注がれます。計ることなくお互いに共感する時が、「啐啄同時」なのです。

これは何も、師匠と弟子という関係ばかりではありません。教育においても、仕事においても、家庭においても、同じことが言えます。

そんな時が本当に来るのかな？　と、むずかしく考えることはありません。雛が自分の殻をコツコツつつくように、感じるままに動けばいいのです。互いの心の波長が合う時が、まさに絶妙なタイミングで現れます。共感や感動を人とともに味わうことは、至上の喜びです。

感じるままに動けば、心の波長が合う時が現れる。

39 相手を信じ切る

「期待」と「信頼」は、ともすると同じような場面で使われがちですが、「期待」は、相手に「こういうふうに動いてほしい」と、相手を思い通りに動かそうとしている意思を含んでいる言葉だと考えることができます。

それゆえに、期待通りにならないと、イライラして相手を責めたくなります。

もう一つの「信頼」は、相手を信じ、頼ることです。こちらは、ものごとの結末に関係なく、相手を信じているわけですから、いつもワクワクした気持ちでいられます。

幸せな人生を送るためには、相手には期待せず、信頼することが大切です。

私は自分を、人を信じやすいタイプだと思っていましたが、信じているつもりで信じ切れていなかったときがありました。

しかし、そんなときには、まるで私に自分の未熟さに気づかせてくれるような課題が現れるのです。

今、私は、ある一人の人を信じ切るという課題を前にしています。

私自身で、「よし、彼を信じ切るぞ」と決めたのです。

彼がそのことをどうとらえるかは、関係ありません。まわりから、信頼して大丈夫かという声も聞かれます。

でも、それも関係ないのです。

なぜなら、私が自分の頭で、信頼すると決めたからです。


いつか彼の夢がかなって、よかったなと一緒に感激の涙を流す。

そんなシーンをイメージしてワクワクしています。

ただただ、「楽しい」という方向から彼の心とシンクロすることが、とてもうれしく感じられるのです。

相手に期待するのではなく、相手を信頼する。

40

すべての人に素晴らしい力があることに気づく

「涅槃経《ねはんきょう》」という経典に、「一切衆生悉有佛性（いっさいしゅじょうしつうぶっしょう）」という言葉が出てきます。この世に生を受けたすべてのものは、生まれながらにして佛になる素質を持っているという意味ですが、ここでいう佛になる素質とは、「人を幸せにする才能、素質」といった意味だろうと私は解釈しています。

父は、幼い私にむかって、よく「誰もがみんな、素晴らしい力を持っているんだよ」と話していました。これは今でも学園の教育方針になっていますが、先ほどの涅槃経の言葉を見ると、父の話と同じだなと思うのです。

秩父こども園は、父が障がい児教育にとても熱心であったことから、障がいのあるお子さんを受け入れています。

一昨年、一人の男児が幼稚園に入園しました。そのUくんはいくつかの障がいを持って生まれた子どもです。5歳でも移動はハイハイで、知的障がいもありました。

入園まで同じ年の健常児の中に入った経験がなく、お互いに負担になることが予想されたので、0、1歳児の保育室に入ってもらうことになりました。


運動会では、Uくんも一つの競技に参加しました。かけっこです。

もちろん、歩くことはできませんから、ハイハイです。

1歳児と一緒のコースに出場しましたが、それでも、Uくんが一番遅れてしまいました。するとUくんは、コースの途中で止まり、腰を上げて立とうとしたのです。

この瞬間、親御さんも、こども園の教職員たちも、私も号泣寸前です。走りよって「よくやった」と抱きしめたいくらいの感動です。

気づくと、Uくんコールが、体育館中に響き渡っていました。結果として立ち上がることはできませんでしたが、もう一度Uくんはハイハイを始め、ゴールすることができたのです。


十二月には音楽会がありました。

園児たちが鍵盤ハーモニカでアンサンブルを披露するのですが、Uくんは手にも障がいがあり、鍵盤をひくことができません。

でも、音楽は好きだったので、何か参加できる楽器はないかと、職員が相談し、マラカスをやってもらうことになりました。ただ、本物のマラカスは演奏が難しいので、音楽教材用の軽いプラスチックのマラカスを用意し、それを振ってもらうことにしたのです。

そして、Uくんと同じ年齢の年長さんクラスのみんなと演奏を披露しました。リズムはめちゃくちゃでしたが、Uくんも、ほかの園児たちも、とても楽しそうに演奏をしてくれました。

後日、この演奏を聴いた別の園児の保護者から感想が寄せられました。

「我が子のいないクラスの演奏で涙が出るなんて、今まではありませんでした。いろいろ学びました。できることが少ないのは、ダメなことじゃないんですね」

と書かれていました。

私もその通りだと思います。Uくんは自分のできることを精一杯がんばる姿で、まわりの人に大きな感動と学びをくれました。本当に素晴らしいことです。誰もが一等賞になれる、こども園の宝物になりました。

障がいを持っているUくんについて、年長組の園児たちに園長先生が質問しました。

「Uくんはいろいろ病気があって、みんなと走ったり、歩いたり、同じにはできないんだ。Uくんのために何かできることはあるかな?」と。

いろいろな答えが出ました。そして、ある園児が「待っていてあげる」と答えたのです。

相手に合わせて、待つということです。とてもいい答えだと思います。

Uくんのがんばっている姿が、健常児の園児たちのやさしさや思いやりを育ててくれました。私はUくんに感謝しています。


できることが少ないのは、ダメなことじゃない。

41 自分の力を信じる

人は一人ひとり素晴らしい力を持っています。
でも、その力が発揮できるようになるのが早いか遅いかの違いはあります。
また、その力の大きさにも違いがあります。
しかし早いからよい、大きいからよいということではないのです。

秩父こども園の教育方針にこの言葉を掲げているのは、私を含め教職員が共通してこのことを忘れないようにするためです。

できる子、できない子なんて区別は最初からないのです。障がいがあってもなくても関係ありません。みんなが伸びる力を持っているのです。みんながすごいと信じ切り、指導する教職員が限界を決めないことが大事なのです。

また、素晴らしい力を持っているのは園児だけではありません。教職員も、お互いに素

晴らしい力があると信じ切ることです。あの先生は素晴らしい、あの先生はダメだなんて区別はないのです。

人と同じであることがいいわけではないのですから、教職員も、一人ひとりが持っている、それぞれのよいところを伸ばしていけばいいのです。

しかし、残念ながら会社では、仕事のできる、できないで評価されることがたくさんあるようです。もちろん仕事ですから、目標に到達するためのスキルは身につけなくてはなりませんし、その習熟度を評価されることは必要なのかもしれません。

ただし、習熟度が満たなくても、自分を卑下したり落ち込んだりする必要はありません。なぜなら、評価されたのはスキルであって、人そのものの価値ではないからです。たまたま今回は力を発揮できなかっただけのこと、また次でがんばればいいのです。

誰もが素晴らしい力を持っているのですから。

人と同じでなくていい。あなたも私もそれぞれの価値がある。

42

人との出会いを大切にする

森信三先生という、国民教育の父と呼ばれた人がいます。

先生の言葉に、

「人は出会うべき人に必ず出会う。寸分も遅からず、寸分も早からず」

というものがあります。

若い女性の前で言うと、「運命の人ってこと?」と期待されてしまうのですが、それだけではありません。自分にとって都合のいい人か悪い人かにかかわらず、すべての人との出会いには必ず意味があるということだと私はとらえています。

森先生のこの言葉を知ったのは、ちょうどお寺の墓地移設で檀家さんと話し合いを進めているときでした。同意いただけない人がどんどん出て来て、一時期は、話し合いもけんか腰になっていました。

でも、この言葉を知って、こうした課題が出てくることも、すべて意味があるのだと考えることができるようになりました。ようやく相手に寄り添う気持ちを抱くことができるようになったのです。

人は必ず人と出会います。

それは自分の味方になってくれる人もいれば、そうでない人もいます。

どちらもぴったりのタイミングで登場します。これは見事です。

夢に向かって進んでいけば、必ず課題や困難が出てきます。そこで前に立ちはだかる人も、救いの手を差し伸べてくれる人も、夢をかなえるためには必要な人なのです。

禅の言葉に「我逢人《がほうじん》」という言葉があります。人との出会いが大切だという教えです。

すべての出会いを通して、気づき、学び、私たちは成長していきます。

あなたが出会う人は
すべて出会うべき人。

43

人のために力を使う

今、私が描いている夢は、秩父に住んでいる人も、訪れた人も幸せになる街づくりです。私の頭の中には楽しい構想が次々に浮かんできますが、一人で実現するのはとても無理なことです。

いろいろなところで、私の構想を話すうちに、一人二人と仲間が集まり始め、現在も、少しずつですが輪は広がっています。仲間が増えるたびに、楽しいことには人を惹きつけるパワーがあるのだと実感させられます。

夢を実現するためには、資金も必要です。そこで自治体に助成金を申請することにしましたが、いくつもの書類を揃えるのは、結構面倒なものです。事業計画も作成しなくてはなりません。しかし、これまでなら面倒と思う作業も、楽しくてしかたがありません。

「これができたらどうする？」

「本当にこんなふうになったらどうする？」

と、作業もハイテンション。

申請書類に目を通してくれた県の職員も、「読んでいてワクワクしましたよ」と言ってくれました。

最初は私一人の頭の中で描いた夢でしたが、いまは、一緒に活動してくれる仲間の夢でもあります。互いに応援しあいながら、さらに前進していきます。

経典「修証義《しゅしょうぎ》」に「普《あま》ねく自佗《じた》を利するなり」という一節があります。これは他人のために尽くせば、自分も幸せになれることを教えています。

自分を応援してもらうためには、人を応援することが大切です。たくさんの人を応援すると、たくさんの人から応援してもらえるのです。何かをしてもらったから応援するのではなく、自分から率先して応援すると、その効果は絶大です。

人を応援すると、
自分も応援してもらえる。

44

子どもの気分になって一つのことに没頭する

誰にでも小さいときはあったはずですが、園児たちを見ていると、そのポジティブさに感心します。スイッチが入った瞬間に全力を発揮し、嫌なこともあとに引きずりません。いつも元気なのです。大人が、この姿を一時間も見ていたら、どんなに嫌なことがあっても元気を取り戻すことができます。

子どもはつねにパワフルですから、指導するほうにもエネルギーが必要です。教育実習の学生さんも、ちょっと元気がなかったりすると、子どものパワーにはじきとばされ、全然言うことをきいてもらえなくなります。反対に、自分が楽しんでいる先生だと、子どもたちは喜んでついてきてくれます。

私のメンターである福島正伸先生は、「僕は、6歳です」とよく言っています。そして、テンションを上げたり下げたりするエネルギーがもったいないので、落とさないことにしたのだそうです。

「じゃあ、先生が6歳児なら、私は5歳児になろう」
と、思いつきました。そして、テンション高く毎日を過ごすには、心の波長を子どもに合わせればいいことに気づきました。

子どもの心は、とてもピュアです。

興味のあることなら、我を忘れて一つのことに没頭します。実際に、心の波長を子どもに合わせてみると、雑念がなく穏やかな気持ちになります。大人になるとなかなか難しいのですが、練習すれば誰でもスイッチを入れられるようになります。

心と心が通じ合うことを、仏教では「感応道交《かんのうどうこう》」と言います。佛様と、教えをいただく人間の心の通い合いを指して使われますが、子どもの気分になり、通じ合うことも同じようなものだなと感じています。

子どもの気分になって一つのことに没頭するのも、幸せな毎日を過ごす大切なコツです。

心の波長を子どもに合わせ、テンションを高くする。

第6章

持戒《じかい》

「戒律」という言葉があります。
どちらも同じような意味と思われがちですが、
「律」は、集団の中のルール。
「戒」は、自分を律する内面的なルール。

「持戒」は、言い換えれば、自己管理。
自分のポリシーに従って生きているかどうかを
問うものです。
人生に困難や課題はつきものです。
そんなとき、ポリシーを持っていれば
迷わず前に進んでいくことができます。

45 ポリシーをもって生きる

仏教の基本の教えに「三帰戒《さんきかい》」というものがあります。

そのいちばんにくるのが、

「南無帰依佛《なむきえぶつ》」。

「私は、佛《ほとけ》を心のよりどころにして生きていきます」という意味ですが、「生きていきなさい」ではなく、「生きていきます」という部分がとても重要です。

「戒」は、自分が進んで取り組み、自分の心のあり方を律する教えです。

私は、「戒」とポリシーはとても似ていると感じました。

ポリシーは、自分の行動規律、自分軸を形づくるものです。

自分で「こうだ」と定めることで、人の心はぶれなくなります。

しかし、軸を決めるためには、

「こうしたい」

「こうなりたい」

と、理想の自分を決める必要があります。

理想の自分が理想の1日を過ごすことをイメージし、その実現に向けて、日々を生きることこそ、ポリシーを持った生き方です。


仏教の理想は、「涅槃寂静《ねはんじゃくじょう》」です。

みんなが幸せになるために、一人ひとりがどう生きればいいのか、ということです。

ぜひ、あなた自身の「戒」＝ポリシーを考えてみてください。

理想の自分を決め、理想の自分が理想の毎日を過ごすなら、毎日が楽しくてしかたなくなります。


自分の軸を定めれば、心はぶれなくなる。

46 自分の「戒名」を考えてみる

「戒名《かいみょう》」というと、亡くなった人にお寺が授けるあの世の名前と思っている方が多いと思います。実際に、葬儀の場でお渡しすることがほとんどですから、そう思われてもしかたないかもしれません。

ですが、本来「戒名」は、仏教の「戒」を授かった者に与えられる名前のことで、生前から受けることができるのです。

「戒」はポリシー。幸せに生きていくための指針です。

「戒名」は、その方針に従って生きていく人が授かる名前ですから、戒名を持つということは、自分が自分らしく生きて行くための方針をつねに意識し、持ち歩くことだとも言えます。

曹洞宗では、16条の戒を受け、戒名が授かります。これを、「十六条戒」と言います。せっかくの機会ですから、私なりの解釈を添えてここでご紹介させていただきます。

●三帰戒

南無帰依佛（なむきえぶつ）

私は、私を幸せに導いてくれる大いなる師・佛様を心の拠りどころとします。

南無帰依法（なむきえほう）

私は、幸せになる生き方を示す法を心の拠りどころとします。

南無帰依僧（なむきえそう）

私は、幸せに生きるためにともに歩む仲間を心の拠りどころとします。

帰依佛無上尊（きえぶつむじょうそん）

限りなき無上の、み佛の心を拠りどころとします。

歸依法離塵尊（きえほうりじんそん）
清浄なる佛様が導いたみ教えを心の拠りどころとします。

歸依僧和合尊（きえそうわごうそん）
争いのない、互いに支えあう仲間を心の拠りどころとします。

歸依佛竟（きえぶっきょう）
大いなる佛を私の師として受け入れ、心が一つになりました。

歸依法竟（きえほうきょう）
幸せな人生を歩むための教えを受け入れ、心が一つになりました。

歸依僧竟（きえそうきょう）
幸せな人生をともに歩む仲間を受け入れ、心が一つになりました。

●三聚戒

第一摂律儀戒（だいいちしょうりつぎかい）
すべての悪いことをしません。

第二摂善法戒（だいにしょうぜんぼうかい）
すべてのよいことを行います。

第三摂衆生戒（だいさんしょうしゅじょうかい）
すべて世のため、人のために尽くします。

●十重禁戒

第一不殺生戒（だいいちふせっしょうかい）
すべての命を大切にします。

第二不偸盗戒（だいにふちゅうとうかい）
与えられない物は、手にしません。
第三不貪婬戒（だいさんふとんいんかい）
みだりな欲に振り回されません。
第四不妄語戒（だいしふもうごかい）
嘘や偽りをいいません。
第五不沽酒戒（だいごふこしゅかい）
迷いの思考や行動に溺れません。
第六不説過戒（だいろくふせっかかい）
人のとがめだてをいたしません。
第七不自讃毀他戒（だいしちふじさんきたかい）

己をほめ、他をおとしいれません。

第八不慳法財戒（だいはちふけんほうざいかい）
物も心もおしまず、先に与えます。

第九不瞋恚戒（だいくふしんにかい）
怒り、はらだちはいたしません。

第十不謗三寶戒（だいじゅうふぼうさんぼうかい）
幸せな人生を送るために大いなる師・教え・仲間を大切にします。

私は今、幸せな人生を歩むための道しるべ「戒」を受けました。
その証として、戒名を授かりました。
これからは、道しるべ「戒」を元に、毎日を大切に生きていきます。
戒名を受け入れて、戒名にふさわしい人生を送ります。

まずは、自らが幸せになります。

そして、すぐ近くにいる人に幸せを伝えます。

そうして、みんなが幸せに生きることができる社会になることを心から祈ります。


私のお寺でも、生前に戒名をお渡しすることがあります。

そのときは、その方のお話を聞き、これまでの人生に寄り添い、未来に向けて願いを込めてつけさせていただきます。


戒名を授ける儀式は、感動的です。儀式の前と後では、顔つきが明らかに変わります。清々しい顔になります。

そして、「これからの人生の目標にします」と言っていただくと、こちらもうれしくなります。

誰かが幸せになるということが、私自身の幸せにもつながるのですから。

戒とは、幸せな人生を送る道しるべ。
戒名は、戒を持っている人の印。

47 人のために生きることをポリシーにする

私はこう生きる！

そう決めることがポリシーです。

ポリシーを決めると、生き方にも方向性が出てきます。

行く場所が決まり、その場所にどうやって行くのか。旅行の行程を考えるのと同じようなものです。この、どういうふうにアプローチしていくかが、人生の戦略です。

あなたの今の暮らしは、この戦略にのっとったものでしょうか？　ポリシーを決めると、日々の一つひとつの行動に、魂がこもってきます。

誰かに出会ったときも、人はまずその部分を見ています。ポリシーを持っているかどうか、無意識にですが、一瞬のうちに理解するのです。

これはビジネスの世界でも同じです。たとえば、同じ商品を販売するときに、「この商

品を、こういう人にお届けしたい」として売るのと、「とにかくお金を儲けたい。買ってくれれば誰でもいい」として売るのでは、まったく違います。受け取り手の印象にも必ず違いが出てきます。

どちらの戦略を選ぶのかは、自分の気持ち次第です。ただ、自分のためだけに何かをしても、なかなかうまくいきません。みんなの幸せのために、誰かの幸せのために生きるほうが、楽しみが増えますし、仲間もたくさん集まってきます。

ポリシーを決めると、一つひとつの行動に魂がこもる。

南禅寺の周信禅師《しゅうしんぜんじ》という方がのこされた「百年の計は徳を植ゆるにあり」という言葉を思い出しました。人間にとって大切な徳を積むことは、一生の計画だという意味です。私たち一人ひとりが一生をかけて実践する何かを持っているのだと思います。あなたのポリシーはなんでしょう？　それは人のためになるものでしょうか？

48 自分のなりたい自分になる

ポリシーは、自分で決めるもの。他の誰かから与えられるものではありません。もちろん人から助言をもらって決めることもできますが、大切なのは、人からのお仕着せでなく、自分の意志で動くということです。

ポリシーには大きなものから小さなものまでいろいろあります。

たとえば、

「今日から、前向きな言葉しか使わない」

「やる気になる言葉を使う」

でもいいのです。

ポリシーを決めるというのは、自分と向き合う作業でもあります。

頭の中で、「こんなふうになりたい」、「こんなふうに生きたい」と、理想の姿をイメージしてみてください。それは、誰のものでもない、あなただけの理想の自分です。

なりたいものになればいいのです。それを妨げるものは何もありません。

禅の言葉に「他《た》は唯吾《ただわれ》にあらず」というものがあります。文字通り「他の人は私ではない」という意味です。あなたの人生はあなたのもの。他の人が代わって生きられるものではありません。

もし、なりたい自分がうまくイメージできないときは、自分の頭の中にある引き出しの中のものを棚卸ししてみましょう。読んだ本、聴いた音楽、観た映画、そして、出会った人。過去の知識が答えを導いてくれます。

また、その引き出しの中に選択肢が増えるように、ふだんからいろいろなものを見て、聞いて、触れて、いろいろな人と話してみてください。

すぐに役に立たなくても、いつか何かの気づきを与えてくれます。心のデータベースを増やすことです。

あなたの人生はあなたのもの。他の人が代わって生きられない。

49 誰もやらない。だからやる！

これは、私のポリシー10か条の第1条です。

読んでいただいた通り、誰もやらないことをやろうと決めています。

私は、秩父の活性化のためにさまざまなプロジェクトを進めていますが、以前、「秩父には映画館がない。みんなで映画を観る機会をつくりたいな」と思い立ち、実行に移すことにしました。

そして、周囲にそのことを話していると、なんと、映画館を作りたいという人と出会ったのです。

それまで、自分たちの手で進めようと思っていましたが、「誰もやらない。だからやる！」が私のポリシーです。やってくれるならお任せしようと、あっさり自分のプランは手放しました。せっかく活動したのにと思う方もいるかもしれませんが、いいのです。

今計画しているのは、15歳から22歳の人が学べる教育施設です。

専門学校ですが、その下の年齢から学べる高等科もつくって、専修学校にする計画です。秩父には、こういう学校はまだありません。

学力で決めるのではなく、学びたい人なら誰でも入れる学校です。それでも高等科を卒業すれば高校卒業と同程度となり、大学受験もできます。そして、専門学校を卒業すれば、大学院を受けることもできるのです。

両方で7年間、思い切りプロフェッショナルな人財が育てられるのではないかとワクワクしています。


誰もやらない。だからやる！

学校以外にも、私ができることはまだまだありそうです。


誰もやらないことをやれば、ワクワクした人生が送れる。

50 人をほめて伸ばす

秩父こども園では、ヨコミネ式教育法を取り入れています。

今から8年くらい前になりますが、ヨコミネ式教育法の生みの親、横峯吉文先生が運営する鹿児島県志布志市の保育園にうかがったことがあります。

のびのびと活動する保育園の子どもたちを初めて目にしたときの衝撃は忘れられません。「どうしてこんなに伸びるんだろう?」と思いながら観ていて、あることに気づきました。

それは、随所に「小さな達成感」が盛り込まれているということです。

「ノートを書くことができた」「走っていちばんになった」

など、一人ひとりの子どものための小さな達成感だらけなのです。

達成してほめられると、楽しくなって子どもたちはもっと上を目指そうとします。学ぶことも遊びと同じ、楽しいことなのです。

秩父の子どもたちにもこの教育を受けさせたい、自分の力を精一杯発揮できる子どもにしたいと願い、ヨコミネ式を取り入れることにしました。今では、確実に成果が上がり、

子どもたちは素晴らしい力を発揮しています。

道元禅師の教えに「心に懸《か》けて漸漸《やややや》に習ふべき也《なり》」という言葉があります。「なかなかできないことは、いつも気にかけてだんだんと習うとよいでしょう」という意味です。仏教を学ぶ人への言葉ですが、私はこども園の教育もそうだと思っています。少しずつほめながら、その子のよいところをどんどん引き出してあげたい。

この子どもたちはいつか成長し、次の世代の子どもの教育を担う人が出てきます。人のいいところを伸ばし、自分らしく生きることが人の役に立つのなら、これほど楽しい人生はないはずです。

そんなことを夢見て、私は15歳以上が学べる教育施設を創ろうと決めました。学びの場で小さな成功体験を積み重ね、子どものよさを伸ばしてあげられる大人が、一人でも多く育ってほしいと願っています。

人のよいところに目を向けて、ほめて伸ばす人になろう。

51

自分自身を頼りに生きる

「おのれこそ、おのれのよるべ」

これは最古の仏教経典、法句経《ほっくきょう》にある言葉です。

何を頼りに生きているのか。それは、何者でもない、自分自身だと説いています。

一度きりの人生を、自分自身でしっかり立ち、歩んでいくことが大切だと教えてくれています。

でも人は、意識しないと人を頼ってしまうものです。何かにすがりたくなってしまうのです。それが普通。ある意味、当たり前なのです。

だからこそ、わざと、自分を頼りに生きることを意識します。そう決めるのです。

一日のうち、短い時間でも構いません。「自分は自分を頼りに生きる」と自分に確認してみてください。その時間を長くするうちに、感覚が身についてくると思います。

世の中は思い通りにならないことばかりです。

自由とは、人のせいにしないこと。すべての原因を自分に求めること。

他の人に依存していると、思い通りにならずにイライラします。

それは、相手に原因を求めてしまうからです。

自分を頼りにするということは、すべての原因を自分の中に求めるということです。

なんだか重たい感じに受け取られるかもしれませんが、なにか思い通りにならないことがあっても、それは自分の考え方次第。自分で自分の問題を解決するのですから、相手に対してイライラすることがなくなるのです。

私は、このイライラから解放される感覚が「自由」なのかなと感じています。

「自由」は、すべてが思い通りになるということではありません。なんの規則もなく、拘束もないと、自由は感じられないのです。

「どうして自由にさせてくれないの?」という人がいますが、そもそも世の中はさまざまな物事でがんじがらめなのです。その中で、いかに自己を解放するか?

そのためには、自分が自分で立つことが必要です。

52

覚悟を決める

お寺の檀家さんや、秩父こども園の親御さんから、相談を受けることがあります。皆さん、それぞれの立場で、いろいろな迷いを抱くものです。

生きていると思い通りにいかないことが多々あります。困難や課題を前に、「どうしたらいいんだろう」と立ちすくむこともあるでしょう。

そんなとき私は、「覚悟を決めましょう」と、お話しします。

「覚悟」とは、心構えのことです。

とにかく、「私はこうする。こう生きる」と決めるのです。道が定まれば迷いはなくなります。ほかの人が何を言っても関係ないのです。

大きな覚悟ができないなら、まず日常生活のささいなことから、「私はこうする」と決めてみます。小さなことで繰り返していくうちに、だんだん大きな問題に対しても覚悟が決められるようになります。

アップル社を設立したスティーブ・ジョブズ氏が、スタンフォード大学の卒業祝賀スピーチの締めくくりに述べた有名な言葉があります。

Stay hungry. Stay foolish.（ハングリーであれ、愚かであれ）

この言葉はさまざまに解釈されていますが、私は、ハングリー精神を忘れるな、そしてひたすら愚直にやれと教えてくれているものだと受けとめています。

ものごとに真摯に打ち込めば、おのずと道は決まり、迷いはなくなります。ジョブズ氏の言葉も、目の前のことに覚悟を決めて取り組むことを意味しているのです。

まずは、今日一日、どう生きるのか考えてみます。理想の自分を決め、理想の一日を決めるのです。

理想の一日を真剣に生きていると、覚悟が決まり、生き方がぶれなくなってきます。

覚悟を決めれば、迷いは消える。

53

目標を明確にする

あなたの目標は何ですか？

なんとなく思いはあっても、あらためて質問されると、とまどって答えられない人が多いだろうと思います。目標はできるだけ明確に、自分自身で整理しておくことが大切です。

昔話の「うさぎとかめ」のお話は皆さんご存じでしょう。うさぎとかめが競争し、最初はうさぎが先行しますが、かめの歩みが遅いので、うさぎは途中で油断して寝てしまいます。結局、寝ているうさぎを追い越してかめが先にゴールに到着するというものです。

落語家の三遊亭歌之介師匠のお話を聞きました。このうさぎとかめのお話をさらに深く考察し、伝えてくれています。

うさぎとかめの違いは、目標をきちんと見ているかどうかの違いです。

うさぎはかめを見ていたのです。

目標を明確にすれば、必ず達成できる。

一方のかめは、うさぎには目もくれず、ずっとゴールを見ていました。

かめの目標は、明確だったというのです。


目標を具体的に持てば持つほど、とるべき道も明らかになり、迷いがなくなります。

何か目指すものを見つけたら、できるだけリアルに実現したときのことを思い描いてみてください。たとえば、どんな場所にいるのか、どんな服を着ているのか、どんな仲間がいるのか。詳細に描くほど、プロセスはシンプルになっていきます。


道元禅師の教えに「欣求《ごんぐ》の志《こころざし》」という言葉があります。

これは、前向きに志を切に求め続けることができれば、その志は必ず遂げることができることを示されたものです。目標を見失うことなく努力し続ければ、必ずよい結果がついてきます。

54 日々のことを怠らない

もう数年前の話になりますが、仏教の経典をいろいろ読み返したことがありました。葬儀や墓地に対する人々の意識がどんどん変わっていく中で、お寺はどうあるべきかで迷い、もう一度原点に返って深く学び直そうと思ったのです。

道を探るにあたり、まず手にしたのがお釈迦様の葬儀のことを詳しく書いてある経典でした。お寺もいろいろな人の葬儀に関わる場ですから、ここに根本があるのではないかと考えたからです。

「さあ、修行僧よ。お前たちに告げよう。
『もろもろの事象は、過ぎ去るものである。
怠ることなく、修行を完成させなさい』と」。

これがお釈迦様の最後の言葉だと言われています。

お釈迦様は、お悟りを開いてから45年の間、多くの人々に教えを伝えてきました。その生涯が閉じようとしているとき、すべての教えを集約して、怠ってはいけないと喝破されたのです。

以前から知っていた言葉なのに、あらためて目にしたときにふと気持ちが楽になりました。

あらゆることは、移り変わっていくものです。始まったものには必ず終わりがあり、良くも悪くも結果が出ます。そのことをしっかり受け止め、心して今なすべきことを実践することが大事だと感じました。

「怠らない」とは、必要以上に気負ったり、張り切ったりすることではありません。目の前の事象を素直に受け止め、喜んだり反省したりしながら、気づきや学びを得ることで、さらなる道は開けていくのだろうと思うのです。

人の世は諸行無常。
だから日々を怠るなかれ。

第7章

忍《にん》辱《にく》

新しく何かを始めるとき、
最初からスムーズにいくことは、ほとんどありません。
また、たとえうまくスタートできたとしても
必ず課題が現れます。
そういった場面に直面しても、
へこたれない、
自分に負けない、
困難や課題に果敢に立ち向かい、
前向きに乗り越える強さが
「忍辱」なのです。

55 小さな欲は捨て、大きな欲を抱く

お釈迦様にまつわる、こんなお話があります。

お釈迦様のお弟子さんの中に、あまりにも修行に欲を出し、そのために失明してしまった人がいました。ある日、そのお弟子さんは自分の衣のほころびを直そうとしたのですが、盲目なので、針に糸を通すことができません。

そこで、「私のように欲深い人、功徳を積みませんか？　この糸を通してください」と周囲の人に頼みました。誰もが申し出を躊躇している中で、「私がやろう」と、一人申し出たのがお釈迦様だったそうです。

お弟子さんが「すでに悟りを開かれているのに、どうして？」と問うと、お釈迦様は、「私ほど大きな欲を持っている人はいないよ。だって世の中の人すべてを救いたいと思っているのだから」と答えられたのです。

欲にはいろんな欲があります。

小さな欲は、我欲。大きな欲とは、世の中のために貢献したいという欲です。我欲ばかりを主張すると、ものごとはうまくいきません。応援してくれる人も現れません。応援できないのです。

それよりももっと大きな欲、地域のため、世の中のためという欲を抱く人のまわりには、たくさんの応援者が集まってきます。それが楽しいことであれば、なおさらでしょう。

また、大きな欲を抱くと、小さな欲は、捨てるというよりも気にならなくなるものです。夢を実現するための行動もどんどん加速していきます。

もちろん欲を満たそうとすれば、その途中にさまざまな困難や課題が浮上してきます。しかし、そこでへこたれず、最後までやりぬくことこそ「忍辱」です。大きな欲であればあるほど「忍辱」も必要ですが、それを支え、助けてくれる仲間たちも現れてくるのです。

世の中のためになる大きな欲を、へこたれずに実現しよう。

56 年に一度、仲間と法螺《ほら》吹き大会をする

あるセミナーに参加したときのことです。講師として招かれた出版社の社長さんのお話がとても印象的でした。

その出版社では、社内で「法螺吹き大会」を年に1、2度開くそうです。「夢」と言ってしまうと「かなえなくちゃいけないかな、こんなに大層なことを言ったら笑われるんじゃないかな」と躊躇してしまうことでも、「法螺」なら気が楽になって言いやすくなるとのことでした。

このお話をうかがって、なるほどと思いました。

確かに、「夢を語ろう」というよりも、「法螺を吹き合おう」というほうが、気持ちのハードルも下がります。法螺なら「なんだ、あいつ実現できてないじゃないか」と周囲から言われる心配もなく、言ってみようという気になりそうです。

そして、とても不思議なことに、口に出して言い続けていると、だんだん実現に近づいてくると社長さんは言っておられました。本気で実現させたいと思った瞬間から、無意識のうちに行動も変わってくるのだそうです。

私も、仲間たちと幸せな生き方を考える「愚門塾」というサークルを開いています。みんなと学んで、最後に決意表明をするのですが、なかなか決意が言い出せない人もいます。でも、夢を声にして表明するのはとても大切なことだと思います。

「もしも愚者が自ら愚であると考えれば、すなわち賢者である」というお釈迦様のお話があります。大きな法螺を吹くことも、これに近いと思うのです。自らを過大評価せず、といって、萎縮することなく夢を追う。この姿勢を忘れずにいたいと思います。

大法螺を吹こう。
言い続ければ実現に近づく。

57 考え方を変える

私が秩父幼稚園（現秩父こども園）を引き継いでから、経営はうまくいかないことの連続でした。子どもたちはどんどん伸びていくのに、園児がなかなか集まらないのです。どうしてだろうと悩んでいましたが、ある日、それは私自身が変わっていないからではないかと思い至りました。

子どもたちが成長するように私も成長しなくてはならないのに、ずっと同じ場所に立ち止まっているのではないかと気づいたのです。

そこで、私も成長しよう、子どもたちのように自分に挑戦しよう、そして、挑戦するという自分との約束を必ず守ろうと決めました。

では、何をするか。私が挑戦したのは、東京マラソンで完走することでした。

もちろん初めての経験ですから、かなりハードルの高い挑戦です。でも、少し難しい約束を自分に課すことで、約束の大切さを体感しようと考えたのです。

練習初日は、走ることもできませんでした。初めは歩きから、そして、次の電柱までと目標を定め、少しずつ走る距離を延ばし、1年かけて10キロを走る力をつけました。いつも有明のゴールを走り抜ける場面をイメージしながら走ったおかげか、本番でも無事に完走することができたのです。

マラソン完走のあと、不思議なことに入園の申し込み数が増えてきました。

これまで「園児を増やすにはどうすればいいか」ばかりを考えていましたが、結果を変えるには入口を変える、考え方を変えることが大切だと気づいたのです。

私の考え方が変わり、挑戦する私を見ていた職員が変わり、園が変わり、園児が集まるという結果になりました。

道元禅師の言葉に「佛道は、人々の脚跟下《きゃくこんか》にあり」という教えがあります。佛の道は、私たちの生活の足もとにあるということです。現状を変えるのは特別なことではありません。あなた自身を見直せば、ヒントは必ずあるはずです。

結果を変えるには、入口を変えること。

58 行動を起こしてから考える

法螺でもいい、口に出して言うことが大事だと書きました。次には、何か行動を起こしてみることです。口に出すことが第1ステップなら、何かやってみるのは第2ステップ。些細なことからでもいいのです。

行動を起こすと必ず困難や課題が出てきます。しかし、「失敗しちゃった」と思ったことも、すべて気づきと学びの機会になります。それらを乗り越えることで、私たちは成長し、もう一つ高いハードルにも挑戦できるようになります。

私は、自分で「こんなイベントができたら、おもしろいだろうな」と思ったら、すぐに実行に移します。「こんな準備をして、機が熟したら……」という考えはあまりありません。無鉄砲なので、いつも周りがヒヤヒヤしています。

やりたいと思ったらやる、できることからやる、そして、あとから細かいことを考える

のです。

実現しようという強い願いがあれば、ものごとの道筋はあらかた決まります。隙間を埋める作業は、時間に余裕のあるときにすればいいのだと思っています。

そんな私ですから、将来の予定はかなり埋まっています。何年の何月何日に、どこで、誰を集めて、何をするか。この大枠を自分の中でどんどん決めているからです。

ものごとは、意識的に、わざと動かなければ進みません。誰かがやってくれるだろうというのは他者への期待ですから、イライラを招くだけです。

自分でどんどん決めて、進めてみる、時期尚早だなと気づけば延期する。違うと思えば引き返す、そのくらいの臨機応変な気持ちで動きます。

前に進むことも、止まることも、引き返すことも、すべて自分で決められるのです。それならば、やってみたほうが楽しいでしょう。失敗したら、そこから学べばいいのです。

やってみて失敗したら、学習の機会と考えればいい。

59 根拠のない自信を持つ

何の根拠もないのに、「大丈夫」と思う。そんな「根拠のない自信」を、誰もがどこかに持っています。ただ、私の場合、それが人一倍強いようです。なぜなのか理由ははっきりわかりませんが、もしかしたら、小さな達成感を積み重ねてきたからかもしれません。

自分の夢の実現に向け、一つひとつ困難や課題をクリアして、そのたびに小さな達成感を味わってきたのです。その経験から、無意識のうちに「これは、なんとかいけそう」という感触を得られるようになったのだと思います。

平成25年は、埼玉県に4つの助成金申請を出しました。

どれも秩父を幸せな街にしようと決めて計画したものですが、助成金申請には、綿密な事業計画のほか、たくさんの申請書類を作成しなくてはなりません。大切な税金を使わせてもらうのですから、審査もかなり厳しいものです。

その中でも、いちばん金額の大きな助成金が、第二次選考を通過できませんでした。以前の私なら、「やっぱりダメだった」と、ここであきらめたかもしれませんが、今は違います。「通過できないのは、次に通過するためのプロセスだ。今回は、説明がうまくなかったのかもしれない。計画のまとめ方も見直してみよう」と、すぐに次の手を考え始めます。もちろん、仲間と、楽しみながらです。

「こうやって続けていれば大丈夫。必ずできる」

そんな根拠のない自信があるからこそ、私は仲間たちと楽しく語りあいながら、夢の実現に邁進できるのです。

小さな成功体験は、日常のあらゆるところで経験できるものです。「机を片付ける」、「ごはんを食べる」でもいいのです。自分で決めたことがクリアできたら、自分をほめます。その積み重ねは自信の積み重ねでもあるのです。

根拠のない自信を持って、小さな成功体験を重ねよう。

60 自分自身を肯定する

秩父こども園は、園児に伸び伸び成長してもらうことが大事だと考えていますから、あまりしつけにうるさく言うことはありません。

ですが、「はい」の返事には、気をつけるようにしています。

よく「はーい」と声を伸ばして返事をする子どもを見かけますが、私たちの園では、それはＮＧです。元気に、簡潔に「はい！」と言うように指導します。

「はい！」は、自分自身を認める、一番短い自己確認・自己肯定の言葉です。自分に言い聞かせ、鼓舞する言葉です。

自己肯定は、自分を認めること。

「私はこれでいい」

「ここに存在していること自体がすごいことだ」

そんなふうに自分を感じることで、自信がつき、幸せな人生を送ることができるように

なります。

人はニュートラルな状態に置かれると、自然とマイナスの方向に傾いていきます。「あれはダメ」「これはできない」「こうなったらどうしよう」と、自分で自分を動けなくしてしまうのです。

そんなとき、鏡に向かって「はい！」と言ってみてください。それは、「私は大丈夫。ちゃんとここにいるじゃないか」という、自分に対するメッセージです。

瑞巌寺の師彦《しげん》和尚という方は、毎日、自分に向かって「主人公」と呼びかけ、自分で「ハイ」と返事をし、自分にしっかり目覚めよと言い聞かせていたそうです。話すのも自分。応えるのも自分。日常の自分を本来の自分が正すことで、一人の自分になりきるということです。

自分で自分に応える作業は、慣れないと違和感があるかもしれません。最初は眼をつむったままでもいいと思います。とにかく、始めてみる。その気持ちが大切です。

自分を認める練習として、鏡に向かって「はい！」と言う。

61

徹底的にやり続ける

「継続は力なり」という言葉があります。

たとえ微々たることでも積み重ねると大きなことが達成できるという意味ですが、どんなに簡単なことであっても、やり続けることは難しいものです。

誰でもできる簡単なことは、ないがしろにされがちです。

たとえば、落ちているゴミを拾ったり、ちゃんと挨拶をしたり、よいことだとわかっていても、「まあ、いいか」と、つい見過ごしてしまうこともあります。

人は意識しないと楽をしようとしますから、なかなか続けることができないのです。

しかし反対に、徹底的にやり続けることができれば、それは、誰にも真似のできない「すごいこと」になるのです。

イエローハットの創業者・鍵山秀三郎さんは掃除をし続けたことで、多くの人に共感と

感動をもたらし、全国規模の活動へと広がっていきました。

また、私のメンターである福島正伸先生は、毎日6人の人に前向きなメッセージを書いたハガキを出し続けているそうです。

もう10年以上も続けているとお聞きしました。

「こんなことが」と思うことも、徹底して継続すると、思わぬ結果をもたらしてくれます。日々の暮らしの一つひとつが大切だと、あらためて気づきました。

ただ、そんな私もほとんどが三日坊主です。続けるのが苦手です。ですが、懲りずにまた始めるのです。

もしかしたら、三日坊主をやり続ける最長記録保持者にはなれるかもしれません。

ひたすらやる。やり続ける。これを道元禅師は、只管打坐《しかんたざ》と言った。

62

「しなければならない」を「したい」に変換する

あれをしなければ……。

これをしなければ……。

責任感の強い人ほど、自分に「しなければ」を課してしまいます。人のために何かをすることは素晴らしいことですが、それが義務感になってくると、どんどん苦しくなってきます。

同じ物事でも、とらえ方で自分を変えることができます。

「しなければならない」ことは、世の中にはありません。

それは実は、「したい」ことなのです。

私も仲間も、毎年夢に向かってたくさんの申請書類を書いています。これを、

「書類を書くのは面倒。どうしてこんなに手がかかるんだ」と思うか、

「この申請が通れば、次のステップに進めるな。漏れのないようにちゃんと作ろう」と思うか。どちらのほうが楽に作業できるかは、推して知るべしでしょう。

生きていく上で与えられる課題は、すべて「忍辱《にんにく》」なのです。

へこたれず、前向きに取り組めば、その次の道が必ず見えてきます。

「しなければならない」ことは、自己成長のチャンスです。

そうとらえれば、自分の置かれた状況を、すべてプラスに生かすことができるでしょう。

ただし、「自己成長しなければ」と、自分に強制することになっては本末転倒です。成長した自分の姿を思い浮かべ、「こうなったら楽しい！」と自分に話しかけると、意識が変わってきます。


意識を転換すれば、あらゆることをプラスにできる。

63 人の力を借りる

人に何かを委ねるのは、不安が伴うものです。

以前の私はそうでした。何でも自分でやろうとして、「どうしてみんなやらないんだ」と不満を感じていました。それに、人に任せるとなると、説明をしたり、ちゃんとできているか心配したり、自分でやるよりもかえって面倒だという気持ちもありました。

私はもともと物事には熱心に取り組むタイプですから、やると決めたら徹底してやり通します。20年ほど前は、人にも任せられず一人で頑張って、結局、過労とストレスで倒れてしまいました。

でもその経験が、私に無理をしてはいけないことを教えてくれました。さらに言えば、人に委ねるチャンスもくれたのです。実際に周りの人の力を借りてみると、自分では思いつかないようなアイデアが生まれ、作業が楽しくなることも知りました。

自分の力を最大に活かすことと、自分の力を過信することはまったく別です。できないことはできる人に委ね、他の人の力を活かしたほうが最大のパフォーマンスが可能になります。こんなにメリットがあるのなら、「三人寄れば文殊の知恵」を取り入れない手はありません。

仲間のよいところを尊重し、苦手なところを応援していると、仲間もあなたのよいところを伸ばし、苦手なところを応援してくれるようになります。

人の応援をすると、自分の手間が増えるように思われますが、実は逆で、また誰かがあなたを応援してくれるようになります。

応援すると、応援される。この関係が、幸せのスパイラルをより加速してくれるのです。

自分ができないことは、できる人に任せる。

64 困難や課題を歓迎する

少し贅沢な悩みですが、最近は、物事が順調に進みすぎると物足りなく感じることがあります。

なぜなら、困難や課題は、気づきや学び、自己成長のヒントの宝庫です。それを乗り越えるときに、新しいアイデアが生まれたり、新しい仲間が増えたり、人生の大きな達成感、充実感が味わえるからです。

映画『happy-しあわせを探すあなたへ』の中でも、人は困難から立ち上がるときに幸福度が上がると紹介されていました。

すべてがうまく進んでしまうと幸福度を高めるチャンスが少なくなってしまうことになります。そう考えると、少しもったいない気持ちも生まれるのです。

仏教の言う「一切行苦」の「苦」を言葉どおりの「辛い」ととらえるか、自己成長の機

会をもらって「幸い」ととらえるか、横棒1本の違いですが、その意味はずいぶん違います。

しかし、どちらの言葉を選ぶかは、自分の気持ち次第です。

「よし、横に棒を1本加えよう」

と、自分が決めれば「辛い」はその場で「幸い」になるのです。

後ろ向きの姿勢の人ほど、この横棒がうまく引けません。

しかし、書き取りの練習のように訓練すれば、だんだんとうまく引けるようになるものです。あるときふっと「ここだ」と気づく瞬間が訪れます。

気づきのチャンスは人によっていろいろです。

自分で気づく人もいれば、誰かに気づかされる人もいます。

気づきのプロセスが必要な分、「幸い」のほうが1画分多いのかもしれません。

全部うまくいってはもったいない。困難は自己成長の機会だ。

65

逃げないで飛び込む

曹洞宗には二つの大本山がありますが、私は、そのうちの一つ、横浜総持寺で僧侶としての修行をさせていただきました。昭和59年のことですから、かれこれ30年前のことになります。

本山での修行は初めてのことばかりで、緊張の連続です。体はもとより、精神的にもタフさが必要とされます。その中でも大本堂に詰め、法要の裏方を支える「侍真寮《じしんりょう》」に配属されると、他の修行僧と離れ、特殊な作法を体得するための特訓があるのですが、まったく未知の世界に対する恐怖もあって、武者震いするほどの緊張を味わいました。

極度の緊張を味わう場面は、このような修行の場だけではありません。何かの発表の前やイベントの前、大きな責任を負わされたときなど、さまざまだと思います。

私もいまだに、いろいろな場面で緊張を味わいますが、そんなときに心に唱える言葉があります。

「始まれば終わる」

特訓の前に同期の先輩（同期ですが、私よりも先に本山に上がった方なので、先輩です）が、よく言っていた言葉です。

始まれば終わる。

始まらなければ終わらない。

当たり前のことですが、意外と見えて来ない真理です。

緊張のあまり、その場から逃げたくなることがありますが、いつかはやらねばならないことなら、早く始めて、早く終わったほうがいいのです。

修行から30年経つ今でも、お寺の行事やこども園のイベントの前にはこの言葉を呪文のように繰り返しています。それで緊張がなくなるわけではありませんが、ふっと心が軽くなる自分がわかります。

始まれば終わる。
始まらなければ終わらない。

第8章

精進《しょうじん》

「精進」という言葉を「努力すること」と
イメージする人が多いでしょうが、
少し違います。
精進は「し続けること」です。
少し前まで自転車のライトは
ペダルをこがないと消えてしまいました。
こぎ続けることで、道を照らすことができたのです。
「精進」はそれに似ています。
続けることで、人生が開かれていくのです。

66

相手の想像を絶する夢を語る

夢にも、大きい夢、小さい夢、いろいろあります。

誰かにその夢を話してみると、たいていの場合、ありがたいことに、「そんなこと、できるはずないよ」

という答えが返ってきます。

でも、かなえられない夢はありません。困難や課題はいろいろ出てきますが、解決すればいいのです。ですから、遠慮せず、思いついたことを語ればいいのです。

それでも、やはり「できるはずない」と言われたくはないもの。

そんなときは、相手の想像を絶する夢を語ってみてください。夢の内容が想像できるレベルだと、相手は即座に「できない」と言いますが、想像の域を超えていると、否定せず、思わず笑ってしまいます。できる、できないを超えると、シンプルに「それは、すごい！」と笑うしかないわけです。

夢を語って、みんなが笑顔になるなんて、こんな楽しいことはありません。

ただ、このままではなかなか夢はかないません。

あまりに想像がつかないと、相手の人もイメージできず、応援がしにくいのです。周囲の応援を得るためには、折りにふれて、できるだけわかりやすい形で、相手に伝えていく努力も大切です。

私は今、自分の進めている秩父活性化の夢をシンガーソングライターに歌にしてもらっています。そうすれば、誰もが口にしやすく、覚えやすいからです。そして、「このあとは、ムービーも作っちゃおう！」と、仲間たちと画策している最中です。

具体的な形にすると、イメージがだんだん絞られて、応援がしやすくなります。夢を伝え続けて応援してもらうことも、「精進」の一つです。

大きな夢を具体的に伝えて、周囲から応援してもらおう。

67

ティッシュ1枚ずつ成長する

広瀬美代子さんという元女子バレーボール選手がいます。1985年に引退しましたが、現役時代は拾ってつなぐ名レシーバーとして活躍し、ロサンゼルスオリンピック銅メダル獲得にも貢献した人です。

そのオリンピック前、あるテレビ番組で、練習中の広瀬さんに向かって監督が、「ティッシュ1枚、レシーブの範囲を広くせい！」、「昨日より、ティッシュ1枚や！」と言っているのを聞きました。

ぎりぎりのところまで力を出しながら、なおも「ティッシュ1枚」成長するなんてすごいことです。

当時は、ただ感心して見ていただけでしたが、後になって、監督のメッセージの深さに気づき、さらに感心しました。

「昨日より今日」というのは、「昨日の自分よりも成長しよう」ということです。力を比較するものさしは自分自身です。一方、今の教育現場では、「ほかの人より上か下か」で

人と比べるのではなく、昨日の自分より成長しよう。

「できる、できない」が評価されがちです。これは力を測るものさしが自分以外の人になっています。この違いはとても大きなことです。

人は人と比べても幸せにはなれません。自己成長を重ねてこそ、幸せな人生を暮らせるようになるのです。

私は、朝起きて顔を洗い、身支度を整えたら鏡に向かって、「今日も一日、昨日よりティッシュ1枚成長します！」と自分に宣言します。そして、「昨日よりも少しだけ成長しよう」と意識して一日を過ごします。

道元禅師も「まことに一事をこととせざれば一智に達することなし」という言葉をのこされています。私流に解釈すれば、中途半端で終わりにしても何も生まれないということではないかと思っています。

今日より明日、少しずつ精進を重ねれば、いずれ大きな夢もかなうようになるのです。

68 毎朝、鏡に向かって自分に挨拶する

前項に書いたように、私は朝起きて顔を洗い、身支度を整えたら、鏡に向かって、「おはようございます。今日も一日、昨日よりティッシュ1枚成長します!」と、元気よく、自分の目を見て、自分に挨拶します。

話しかけるというよりも、叫ぶという表現があっているかもしれません。一昨日よりも昨日、昨日よりも今日、そして今日より明日。少しずつ自分の夢に向かって近づいていくぞ。そう考えるとワクワクして、一日がとても楽しく過ごせます。もちろん、夜寝るときも、明日の朝は楽しく起きるぞ! もっと成長するぞ! と思って寝るようにしています。

お経に「当願衆生《とうがんしゅじょう》」という言葉が出てきます。「まさに願わくば衆生とともに」、つまり何をするのでも世の中のためにしようという意味です。

ですから、朝起きるのも「まさに願わくば衆生とともに」。朝起きるのは、自分一人のためでなく世の中のためということになります。同様に、夜寝て心と体を休めるのも、お風呂に入って体をきれいにするのも、自分のためでなく、みんな世の中のためなのです。

私たちは、さまざまな人たちと関わり合いながら生きています。

私が今日よりも少しだけ成長することが、誰かの役に立つことにつながっているのです。他の人の夢を実現するお手伝いができるかもしれません。そう思えば、ますますモチベーションが上がってきます。

私たちは一人では生きられません。だからこそ「当願衆生」です。「世の中のため」への思いを、つねに大切にしたいものです。

朝起きるのも、夜寝るのも、自分のためでなく世の中のため。

69

失敗しても挑戦し続ける

たとえば、何かの資格試験を受けたとします。

一生懸命勉強したけれど、結果は不合格。でも、模範解答に照らし合わせてみると、「あ、こんなところで間違えたのか！」と、できなかった部分がわかります。

このあと、あなたならどうしますか？

「やっぱりハードルは高かったな。私には無理」とあきらめますか？

「できなかったところを勉強して、次回こそ受かるぞ！」と、もう一度挑戦しますか？

困難や課題にぶつかったとき、そこであきらめれば夢はかないません。ですが、発想を転換すれば、「この状況をクリアすると、夢に近づく」ということに気づきます。

資格試験も、できなかったところを勉強し、克服すれば、いずれ合格できるのです。つまり、失敗するほど、成功する確率は上がるということです。

私も、仲間たちといろいろな計画を進めています。支援や資金を集めるために事業計画

書を作り、人前でプレゼンをする機会が多々あります。

もちろん一度でうまくいかないこともあります。ですが、そんなときも、みんなで

「この方法はうまくいかなかったな。次は違う方法にしよう」

「今回のことで、新しい発見があったね。試してみよう」

と、誰も落ち込んだりはしません。うまくいかなかった方法は選択肢から外せばいい。むしろ、選択肢が絞りこめてよかったと考えるからです。

道元禅師はその教えの中で「学道の人は後日を待て行道《ぎょうどう》せんと思ふことなかれ」と説かれました。ひとことでいえば、「修行を後回しにしてはいけない」ということです。

今の時代、何かを始める前に「どうせ無理」「やるだけ無駄」と早々に結論を出してしまう人が多いように感じます。しかし、行動を続けていれば、それが実現する確率は高まっていくのです。思いを伝え、応援してくれる人を増やし、自らも行動し続けるのです。継続している間は、夢への道は閉ざされることはありません。

失敗するほど
成功する確率は上がる。

70 明日を楽しみにして寝る

大本山での修行生活では、日常のさまざまなときにお経を唱えます。

夜寝るときには、

昏夜寝息（こんやしんそく）
当願衆生（とうがんしゅじょう）
休息諸行（ぐそくしょぎょう）
心浄無穢（しんじょうむえ）

と、自分の寝る布団に向かって三拝して床につきます。

これは、「夜寝るときは、すべての人が、あらゆるはからいをやめ、煩悩を解き放ち、心が清らかになるように願い、私は眠りにつきます」という内容のお経です。

朝、気持ちよく起きるためには、夜寝る前がとても重要です。翌日がよくなるように、夢がかなうようにとイメージして寝ることが大切なのです。

明日を楽しみにして寝ると、脳が楽しみでいっぱいになる。

人の脳は、寝ている間に1日に起きたことの情報整理をします。寝るのは頭を休めるためだと思っていましたが、実際は、楽しかったことも、嫌だったことも整理して、脳をニュートラルな状態に戻す作業をしてくれているのだそうです。

たとえば、目標に向かっていて途中で思い通りにいかないことがあったとき、それを「嫌だな」と思って寝ると、脳はその情報を「嫌なこと」の引き出しにしまいます。それが多くなると、脳の中は「嫌なこと」でいっぱいになります。しかし、「嫌なこと」を「どうすれば楽しくなるか」と考えると、それは「嫌なこと」ではなくなり、むしろ「楽しいこと」として脳は判断します。すると、脳の中は楽しいことでいっぱいになるのです。

「明日こんなふうにしてみよう。楽しみだな」と思って寝ると、寝ている間に脳がいろいろ考えて、楽しい答えを導いてくれます。寝ても覚めても、夢や目標とつながっていると、自分自身が頼もしく感じられますし、どんな作業も楽しくなります。

71 一生かけてかなえる夢を持つ

父からお寺を継いで住職になったのは、平成10年のことでした。780年続くお寺です。正直言えば、最初はどうすればいいのかまったくわからなかったのですが、今は、私の役目も長い年月の流れの中の一つだと考えられるようになりました。

住職についた翌年、大きな出来事がありました。都市整備の一環で、お寺の墓地が計画区域になり、墓地の改葬をしなければならなくなったのです。そのことはすでにご紹介しましたが、多くの檀家さんの同意を得るのに時間がかかり、整備がすべて終わったのは平成17年、6年かかって終えることができました。

その後100年の大計と位置づけ、コミュニティ機能のある檀信徒会館建設に加え、まちづくりの活動も進めているところです。檀家さんの中には、「すべての事業が終わってないのに、途中でやめちゃうの?」と、新しいことに取り組む私を心配してくださる方もいますが、私の中では、どの仕事も終わりではありません。お寺の仕事は、長いものは100年スパンで実行されます。まさに、私の一生をかけて取り組んでいくものなのです。

自分の夢も同じです。一生をかけて実現すればいいのだと思います。それでも間に合わないものがあれば、次の人に実現を託せばいいのです。

夢の規模が大きくなれば、一人が一生をかけても実現できないものもあります。大きな夢の実現に必要なのは、継いでくれる人を育てることです。誰かが継いでくれるなら、夢はどこまでも続きます。どんな夢もあきらめる必要はないのです。

今、私は秩父に専修学校や学童のアフタースクールを創設するために動いていますが、生徒が大きくなったとき、きっと夢を引き継いでくれる人に育つと信じています。

私がこの世から旅だって100年後、私のお墓の前で20代の若者が泣いています。「僕らが幸せに暮らしている秩父のルーツを調べたら、ここに行き着きました。ご住職が生きているうちに会いたかった」と。

そんなふうに誰かが言ってくれるように、今は夢に向かってひたすら歩み続けています。

100年後を夢見よう。

72

自分の行動を俯瞰して見る

思い通りにいかないことがあると、人は感情に任せて行動しがちです。頭に血がのぼった状態で判断しても、物事はうまく進みません。これも私は、自分の経験から学びました。

以前の私は、人は感情で判断するものだと考えていました。カッとなって怒りに任せて相手に意見するのは間違いではないと思っていたのです。

しかし、それを長く続けてきても、いろいろなことがうまくいかず、これではダメなのだと気がつきました。ネガティブな感情は、やはり、ネガティブな結果を招くのです。それに気づいてからは、物事をちょっと俯瞰して判断をするようになりました。

とはいえ、何の助けもなく、頭に血がのぼった状態で冷静になどなれません。そこで、頭の中を整理するために、紙に書き出すことにしました。

目の前の状況はどうだ。

私の考えはこうだ。

どんな解決策があるのか。

など、思いつくままに全部書き出してみると、感情と現実がどれほどかけ離れているかが客観的に見えてきます。それを続けるうちに、だんだん冷静に考えることができるようになったのです。


ただ、この作業も慣れるまでには、少し訓練が必要です。

ふだんから、毎日の要件を書き出し、整理するクセをつけてしまうことです。

道元禅師の教えの中に、「佛のいへになげいれて」という一節が出てきます。すべてを佛様にゆだねようと説いたものです。毎日の要件を書き出す作業は、佛様に自分をゆだねることにつながっている気がします。自分の感情や自分の目指すものをちょっと遠くから見ると、思わぬ自分の姿が見えてきます。


感情に任せるとうまくいかない。紙に書き出して整理する。

73 いつか来る〝そのとき〟にそなえる

世の中には、世界的な新記録を樹立する人がいます。

また、突然スポットライトを浴びて、有名になる人もいます。

どちらも成功をおさめる人は、見えないところで努力をしています。

中には、安易にぽっと注目されるような人もいるでしょうが、力が発揮できなければ、すぐに消えてしまいます。人からすごいと賞賛されるような人は、やはり努力を怠らずに続けてきた人です。


本当はなまけたい、楽をしたい。人間はそういう生き物です。

しかも、ふだんの暮らしの中では「よし、本領発揮！」というチャンスは、なかなか巡って来ないかもしれません。

でも、いつか来る〝そのとき〟に最大限の力が発揮できるように準備を続けることが大切です。この積み重ねが、いざというとき、力を発揮する源になるのです。

力を発揮するためには、目標を決める必要があります。

目指すものがないと、何の努力をすればいいのかわかりません。

小さな目標でよいので、それに向かって全力で取り組んでみてください。積み重ねていくうちにだんだん力がついてきて、それはやがて大きな力となって、ひょっとしたら歴史に残る大記録になるかもしれません。

「こんなことができたら楽しい！」

と、できた自分をイメージして、まずはスタートしましょう。

「これができなければダメだ」ではありません。「これができたら楽しい」がいいのです。

強制すると気持ちはネガティブになります。あくまでも、ポジティブに、楽しみながら続けることが、自己成長を促してくれるのです。

楽しいゴールをイメージして、楽しみながら努力しよう。

第9章

禅《ぜん》定《じょう》

禅定は、坐禅です。
ただ、足を組んで坐ることにとどまりません。
日常生活の中で、静かな時間を持つことです。
禅定は日常のあらゆるものに関わるといえます。
お料理をするのも、顔を洗うのも、
自己を意識して行うことです。
言い換えれば、自己に依存した暮らしを
実践することが禅定なのだともいえます。
人は人に依存すると、思い通りにならずイライラします。
自分に依存した毎日を送ると、
そのイライラは起こらなくなります。

74

「仕事」を「死事」ではなく「志事」にする

私たちは会社で働いたり、自営業を営んだりしながら、その労働の対価としてお金をいただいて生きています。これが「仕事」ですが、世の中には、仕事とは異なる「しごと」もたくさんあります。

「私事・仕事・死事・志事」という4つを聞いたことがありますか？

「私事」とは、自分の好きなことをやっていることです。

「仕事」とは、会社に使われ、上司に使われ、食べるためにやっていること。よく、ライスワークと言われるものです。

さらには、好きでもない仕事を嫌々やっている人も多いようです。

これが「死事」です。

時給８００円で自分の時間を切り売りし、10年も20年もアルバイトだけで暮らしている若者がいますが、それではやりがいや生きがいを感じるのは難しいでしょう。

もっと自分自身がワクワクすること、キラキラ輝くことを探したほうがいいのではないかと心配になります。

最後が「志事」です。人はこれを「ライフワーク」と呼びます。

ライフワークとは、一生続けてやる仕事であり、誰かの役に立つ仕事であり、社会の役に立つ仕事です。

志事が成功すればするほど、あなたは世の中の多くの人を幸せにすることができるのです。もちろん、みんなから賞賛され、人から感謝もされるでしょう。こんなステキな「志事」に就けたら、人生はどれだけ豊かになるかとワクワクします。

そして、「死事」を「志事」にすることができるのは、自分しかありません。

人のために役立つことを、一生続けるのがライフワーク。

75

心の「体質改善」をする

最近は、メタボ体型を解消しようと運動したり食事や漢方薬を使ったりして、体質改善を図る人が増えています。かくいう私も体を絞らなければなりません。

このような体のケアも大切でしょうが、さらに幸せな人生を送るためには、心の体質改善も必要だと思います。

心の体質改善とは、ものごとをプラスに受け止める力をマスターするということです。「幸せに生きるには、こうしましょう」という話を聞き、なるほどと思うだけでは、言葉で理解できただけ。大切なのは、そのあとに実践し、自然にできるようになるまで続けることです。

仏教では、「煩悩即菩提《ぼんのうそくぼだい》」、すなわち、煩悩にとらわれていても、その本体は菩提（悟り）であり、二つで一つのものだと教えています。ネガティブな感情もポジティブな感情と同体で、要は自分がどう受け止めるかということです。

意識しないとどうしてもネガティブに受け止めがちですが、意識してプラスに受け止め

るように切り替えていれば、日常のあらゆることがプラスになります。私自身、以前はネガティブ受信をするタイプでしたから、実践してみてよくわかりました。

自分が自立すると、周りに何を言われても、自分の考えが揺らがず、ぶれなくなります。それを体得することが心の体質改善なのです。

ただ、言葉でいうのは簡単ですが、なかなかできるようにはなりません。メタボ体型のダイエットも、医師から言われてしかたなくやっているうちは長続きしないものです。自分から体を動かしたり、食事を変えたりするという気持ちがなければ成果に結びつきません。自分の体質が変えられるのは、やはり自分だけなのです。

まず一つひとつのことを意識して実践してみてください。自分で自分の行動や心の動きを確認することで、徐々に自分を肯定する気持ちが強くなります。続けていると、ある日、愚痴を言わなくなった自分、落ち込まなくなった自分に気づきます。

意識してプラスに受け止めよう。いつか自然にできるようになる。

76

徹底的に自己を掘り下げる

自分のことは自分ではわからないものです。

たしかに、自分の目で見えるのは自分の一部だけですから、すべてがわからないのも当然です。


自分のことは、まわりの人が教えてくれます。

一人ひとりが違うから、それぞれ気づくところも違います。いろいろな視点で、「あなたはこういう人」と教えてくれるのです。その言葉に耳を傾けることができると、だんだん自分のことがわかってきます。

ですから、少しでも自分を詳しく知るためには、いろんな人に会うことです。

しかも、「たくさんの人に会った人」と会うことがさらに大切です。たくさんの人に会った人、すなわち、師匠です。師匠は、人はみんな違うことを知っています。きっと「あなたのままでいいよ」と教えてくれると思います。

信頼する相手から「このままでいい」と言われると、素直に「私はこのままでいいのか」と思えるものです。そして、自己肯定をすることができるようになります。

ただ、人がすべてを教えてくれるのかといえば、やはり自分の一部だけなのです。周囲から見た自分と同様に、自分の中にある自分を見つめる作業も大切です。この作業を禅の言葉では「己事《こじ》究明《きゅうめい》」と言います。

自分のいいと思うところも、悪いと思うところも思い出してみてください。思い出したくないこともあるかもしれませんが、嫌なことと向き合って「これも含めて自分」だと認めることも重要なのです。

自分は自分だと認められるようになると、些細なことは気にならなくなります。

幼稚園の経営がうまくいかなかったとき、私は、ほかの幼稚園が気になってしかたありませんでした。ヨコミネ式教育法を導入した当時、一地域で実施できる園は一つだけという制限があり、それが利用できる分、ほかの園よりも有利だと考えていました。そのことは「幼稚園の特徴」として、アピールできました。

ですが今は、たとえ近くに同じ教育法を採用する園が出てきても、全然気になりません。なぜなら、自分は自分だと気づいたからです。

ほかの園が同じ教育法を採用しても、私の体を通してアウトプットされたものは、ほかの園が提供するものとは、同じにはならないことに気づいたからです。音楽でも、同じにはなりません。子どもたちの育ち方も同じではないのです。うわべにとらわれていた間は、そのことに気づきませんでした。

自己を徹底的に掘り下げる時間はとても大事な時間です。世の中は、忙しくて自分を見つめ直すことに目をそむけている人が多いと感じます。ですが、自分で自分を掘り下げるということは、歩きながらでもできるのです。思いついたら、自分に問いかけてみてください。

あなたはだれでしょう?

肩書や氏名ではなく、自分のことをどれだけ語れますか?

好きなものはなんでしょう。

苦手なものはなんでしょう。
いちばん楽しかったことはなんでしょう。
いちばん辛かったことはなんでしょう。
いちばんやってみたいことはなんでしょう。

一つずつ思いつくことをメモしてください。
根気よく続けることで、新たな自分を発見することができます。

自分を認められるようになると、些細なことは気にならなくなる。

77 やることリストを作る

前にも書きましたように、禅宗では、自分のことを掘り下げて徹底的に明らかにすることを「己事究明《こじきゅうめい》」といいます。どんな生き方を選んでも、結局、自分と離れることはできません。困難や課題にぶつかったときに自分をどう処するのかを決めるのは自分なのです。幸せな人生を送ることも、不幸だと思いながら生きていくのも自分次第です。だからこそ、自分を知ることが大事なのです。

そのためには、つねに自分を意識し、自分に問いかけます。この作業をやりやすくするのが「やることリスト」です。

何時に起きる、何をする、何時に寝る、ふだん何気なく行っている日常を、何気なく行わない日常にして、その行いが夢や目標に向かっているとイメージします。そして、一つできるごとに自分をほめてあげるのです。

私は、やることリストを書き出し、実践して気づきました。「あ、これって本山での修行生活そのものだ」と。修行道場での生活は、起床から就寝まで、何時何分に何をすると

いうことが細かく決められています。すべての行いに意味があり、すべての動作に意味があるのです。修行中はそれが不自由に感じられたこともありましたが、実際は、そのような制限があればこそ、心は自由になれたのです。その暮らしに近いことを日常に取り入れれば、誰でも、何気ない毎日から、すべてに意味のある暮らしに転換することができると思いました。

やることリストは、自分に使いやすい方法で作ればいいのです。

ちなみに私は、デジタルでなくアナログな手帳を利用しています。そして、予定を書き込むだけでなく、一日の結果を別の欄に書き込むようにしました。

その日うまくいかなかったことでも、「こんなことに気づけた、すごい！」と書き込んで、あとで読み返してもワクワクするような手帳になっています。

一日の予定を管理する目的は、作業をこなすことではなく、自分を確認することです。

私は、日記を書くことが、日々の自己成長につながっていると感じています。

何気ない一日から意味のある一日に。

78 自分のネガティブな部分とも向き合う

人は、嫌なこと、面白くないこと、辛いことから目をそむけようとします。妬みや嫉み、あるいは恨み、怒り、悲しみなど、言葉にするのがはばかられるような感情の中にも自分が必ずいるはずですが、見て見ぬふりをしてしまうのです。

また、小さいころにいじめられた、親から愛されなかった、精神的に追いつめられたなど、世の中には、トラウマを抱えながら生きている人もたくさんいます。こうした経験も人をネガティブな方向に導いてしまうと思います。

自分を掘り下げる作業は、自分をあらゆる方向から俯瞰して見る、焦点を絞って見る作業です。ネガティブな自分と向き合わないままでは、自分のすべてを見ることができません。勇気をもってネガティブな自分とも向き合い、マイナスの感情からの意識の転換を試していただきたいと思います。

心の処し方は、自分で決めることができます。

どんなネガティブな感情も、それも含めて自分です。そう認めることで肩の荷が下りることもあるのではないでしょうか。

日本画家としても知られる大石順教という尼僧がいました。

明治21年に大阪で生まれ、13歳のときに大阪の堀江で芸妓を目指し、お茶屋の主人の養女になりました。明治38年、この養父が殺傷事件を起こし、妻吉（順教尼の当時の名前）も両腕を切断され、顔に傷を負ってしまったのです。

ある日、妻吉は鳥かごの中のカナリアがひな鳥を育てる姿を見て、「カナリアは手がなくても、口移しでひなにえさを与え、子育てしている。私にも口があるじゃないか」と気づき、口で書画を描くようになります。その後出家し、名を順教と改め、創作活動と並行して婦女子や身障者の支援に努めていきます。

順教尼の壮絶な体験を思い出すたびに、人生は自分で決めることができるのだと強く感じるのです。

ネガティブな自分と向き合ってこそ、人生を自分で決められるようになる。

79 人に会う。本を読む。

自分のことは自分で決めることができるのです。

これは、幸せな人生を実現するためにとても大切なことです。

たとえば、目の前の仕事を「やりたくない」と感じながらやらなくてはいけないのは、楽しいことではありません。忙しいときや疲れているとき、心がネガティブになっていると、つい、この「やりたくない」という感情が頭をもたげてきます。

そこで気持ちを「やりたい！」とポジティブモードに切り替えられればよいのですが、切り替えるときに、自分の中で「楽しい」と判断する材料がほしくなります。

しかし、自分の中の過去の情報だけで処理しようとすると、すべてのものごとは、それを超えることができなくなります。

つまり、よりよい答えを求めるためには、自分のデータベースをつねに新しくする必要があるということです。

最近はインターネットを検索すればさまざまな情報が得られますが、私は、自分が興味のある人なら、できるだけ相手に会いに行きます。セミナーや講演に参加して、直接会って話すことで、より多くのことを学ばせていただいています。

ただ、すでに亡くなられていたり、海外にいたりして会うことがかなわない方の場合は、本を読むしかありません。本の中でその方に出会い、会話をします。

たくさんの人に会い、たくさんの本を読むことで、さまざまな考え方や選択肢を自分に提供することができます。それらを心の栄養にして、人はできあがっていくのです。

よいと思うことも、そうでないと思うことも、すべて学びと気づきの材料になります。そう考えれば、世の中には無駄なものはないのです。

道元禅師は、「よき人に近づけば、覚えざるによき人となる」と説かれました。よい人のそばにいると、自然とよい人になるというのです。つねによい出会いを得るためにも、積極的に出会いを求めていきたいものです。

会う人を変えると人生が変わる。読む本を変えると人生が変わる。

80

嘘をつかない

相田みつをさんが作った、「みんなほんもの」という詩があります。

トマトがねえ
トマトのままでいれば
ほんものなんだよ
トマトをメロンに
みせようとするから
にせものに
なるんだよ

みんなそれぞれに
ほんものなのに

骨を折って
にせものになりたがる

本当はできていないのに、できたように言ってしまう、体裁を取りつくろう、そんな人はたくさんいます。しかしたいていの場合、一瞬にして相手に見抜かれてしまうものです。人が最もついてはいけないウソは、自分に対するウソです。

思い切り背伸びをしたり、疲れている体で無理をしたり。身の丈に合わない言葉や行動は、人に見抜かれるだけでなく、自分自身にも無理をさせている状態です。

佛様が私たちに授けた「戒」の一つに、「嘘や偽りをいいません（十重禁戒　第四不妄語戒）」とあります。佛様は、あなたのそんなウソも見ています。自分の命に正直に生きているか、精一杯生きているかと見守ってくださっているのです。そして、佛様は、もっと素直に、楽に生きてみてはどうかと、いつもメッセージを送ってくれています。

自分に対して嘘をつかない。素直に生きてみよう。

81 自分を許す

人は自分が持っているものをなかなか手放せないものです。
なかでも、手放したほうがいいのは「自分」です。

批判される、
責められる、
怒られる、
と、目の前のことをネガティブにとらえていると、自分を手放すことができません。
課題や困難を前にしても、「こんな状態だけど、自分は自分でいいのだ」と思えた瞬間に、これまでのとらわれが放たれ、気持ちがすっきりします。

人生は「一切行苦」。思い通りにならないことの連続です。
思い通りにならないのだから、がんばりすぎる必要はないのです。そのことを理解して、自分を許してあげましょう。この言葉が、幸せな人生のキーワードの一つであることは間

違いないと思います。

「ゆるす」には、さまざまな文字があり、少しずつ使われ方が違います。許す、赦す、緩す、恕す、聴す。たくさんの漢字を並べたのは、まわりにあるいろんなものから自分を解き放ってほしいと思ったからです。これからの人生、ゆるゆるで行きましょう。

自分をゆるしてあげると、心の軸がぶれなくなってきます。

私は人のうわさ話などに、一切耳を貸さなくなりました。なぜなら、その意見は人の脳で考えたもので、私の脳が考えたものではないからです。

今にもはち切れそうな緊張の糸をゆるめると、不思議と心は強くなるのです。

人生は思い通りにならないもの。がんばりすぎる必要はない。

82 なにごとも八分目にする

以前、私たちが夫婦でお世話になった脚本家の重森孝子先生からお電話をいただいたことがありました。

「どう？　お元気かしら？」と言う先生に、

「はい、がんばってます」と妻が答えると、

「あら、あなたががんばってるの？　一人でがんばっても迷惑なだけよ。がんばっちゃダメ」と言われたのです。

がんばっているほうがいいことのように見えますが、一人でがんばろう、一人で全部を片づけようとすると、いずれ消化不良を起こします。しかも、自分はこんなにがんばっているのに、どうして手伝ってくれないのかと怒りもします。当人は気づきませんが、たしかにこれはまわりにとっては迷惑なことなのです。

先生のおっしゃっていた「がんばっちゃダメ」も、そこに気をつけなさいという意味でした。

がんばりすぎは周りに迷惑。力を蓄えておこう。

現代はどうしてもやりすぎてしまう人が多いような気がします。がんばりすぎは周囲に迷惑をかけるだけでなく、自分自身の心と体のバランスもくずします。

「琵琶の弦、強く締めれば糸は切れ、緩けりゃ音色が悪くなる」

お釈迦様が悟りを開くきっかけになった歌のように、弦は張りすぎると切れてしまいます。緩すぎず、張りすぎず、いいバランスが肝要なのです。

誰もが120％の力でものごとに取り組むほうがよいと思っていますが、実際は、80％の力でもそれほど成果に違いは出ないものです。120％はいざというときだけでいいのです。

健康のためには、ごはんは腹八分目にと言いますが、心も頭もつねに八分目くらいで保てるといいと思っています。いざというときに心と体が最大のパフォーマンスを出せるように力を蓄えておくことが、結果的に最大の効果を生むことになるのです。

第10章

般《はん》若《にゃ》

「般若」とは、智慧のこと。
お釈迦様が示してくれた、
みんなが幸せに生きるための智慧です。
「諸行無常　諸法無我　一切行苦　涅槃寂静」
この４つの大切な教えを授かれば、
いろいろな困難や課題を
乗り越えることができるのです。
「般若」は、自立した人を育てる大切なポイントです。
自分を肯定し、人を肯定することです。
言い換えれば、
あらゆることをプラスに受け止めることなのです。

83 すべてをプラスに受け止める

諸行無常（しょぎょうむじょう）
諸法無我（しょほうむが）
一切行苦（いっさいぎょうく）
涅槃寂静（ねはんじゃくじょう）

ここまでいろいろなお話をしてきましたが、私が幸せに生きるためのベースにあると受け止めているのは、プロローグでもご紹介した「四法印《しほういん》」という仏教の教えです。ひとことで言えば、「仏教とはこういうものだ」とまとめると、この４つの柱になるということです。

かなり大雑把な解釈ですが、私が皆さんにお伝えするときには、「世の中はつねに変わり続けています。これが、ものごとをとらえる大前提。そして、み

んなつながっているから、あなたから先に渡してください。そして、どんなこともプラスに受け止めてください。みんながハッピーになる社会をつくりましょう。目標はみんながハッピーになることです。このものさしから外れずに生きましょう」とお話ししています。

私の勝手な解釈ですが、もう一度、この４つの柱について私なりに受け止めていることをまとめてみます。

「諸行無常」は、世の中はつねに変化しているということです。つまり、変わり続けることは当たり前なのです。みんな世の中は変わらない、昨日と同じことが今日も起こるだろうと思っていますが、そうなる保証はどこにもないわけです。

この前提を考えないと、イレギュラーなことが起きたときに「なんで変わるんだ。なんでこんな仕打ちをするんだ」と不満がわき出してきます。でも、本当はそうじゃないのです。変わり続けるのです。

あるものはなくなります。形があるものは壊れるのです。どんなに高価なものでも、壊れるものは壊れます。このことを受け入れることが必要だということです。

「諸法無我」は、人は一人で生きていけない、ありとあらゆるものは、支え合っている＝

つながっていることと私はとらえています。

自分だけがよくなろうとしてもよくなりません。ほかの人をよくすると、結果的に自分がよくなります。そして、自分を傷つけるとほかの人も傷ついてしまいます。自分の命を粗末にすることは、ほかの人の命を粗末にすることにつながるのです。

みんながつながっているからこそ、自分を大切に、ほかの人を大切にしなければいけないのです。

「一切行苦」の「苦」は、苦しみのことではなく、自分の思い通りにならないことを意味します。世の中のありとあらゆることは思い通りにいかないということです。

必ず困難や課題が与えられるけれど、それはみんなが幸せになるために必要なものだから、あたふたする必要はないと教えてくれていると受け止めています。

「涅槃寂静」は、仏教の理想の世界です。みんなが心安らかで幸せな世界のことをいっています。

世の中、好きと思えば好き。嫌いと思えば嫌いになってしまいます。みんながつながっているから、マイナスの感情がおこれば、ネガティブなスパイラルにみんなが巻き込まれてしまいます。でも、物事の受け取り方をプラスにすれば全部が正解になるのです。そうすればみんながハッピーになれるのです。

全部正解にするかしないかは、自分自身で決められることです。

物事には表があれば裏もあります。見えている側面だけで「嫌だな」と決めてしまうのはもったいないことです。

嫌だなと思うことは、その人のいいところを見つけるチャンスかもしれません。

物事をプラスに受け止めれば、世の中に嫌なもの、嫌な人はいなくなります。

すべてをプラスに受け止めれば、みんながハッピーになれる。

84

ポジティブなものにフォーカスする

「般若《はんにゃ》」は、最高の智慧のことですが、その智慧を活かし、自己成長する過程という意味も「般若」に含まれていると思います。

自己を掘り下げる作業をするとき、脳はフル回転しています。坐禅を組み、脳内にアルファー波が出て、ドーパミンが分泌される状態と同様に、達成感や充実感を感じるときも幸福な感情が脳の中に広がっていきます。

こうしたネガティブなものからポジティブなものへの置き換えが頭の中でどのように行われているかをイメージすると、それは、カメラのレンズである部分をフォーカスする操作に似ているような気がします。

私たちの頭の中には膨大な量の情報が保管されています。それは小さな引き出しがたくさん並んだ倉庫のような状態です。

1日に起こった出来事を、私たちが寝ている間に脳が情報整理し、楽しいことは、「楽

しいこと」の引き出しに、嫌なことは、「嫌なこと」の引き出しにと、どんどん片づけて、必要なときに取り出せるようにしてくれるのです。

自分の中にあるものをポジティブな意識に変換するときは、できるだけネガティブな引き出しはそのままにして、楽しいこと、うれしいこと、面白いことなど、ポジティブな引き出しにフォーカスしていきます。

今日の目標はこれ。

ここまで進められたらすごいな。

何時までに終えられたら、うれしいな。

自分で自分に宣言することで、目標は明確になり、フォーカスしやすくなります。そして、できなかった部分よりできた部分にフォーカスするのです。意識して続けると、自然とポジティブなものにフォーカスできるようになっていきます。

できなかったことではなく、できたことに目を向ける。

85

自分を拠りどころにする

異常気象の影響で、激しい雷雨に見舞われることがあります。落雷で停電することもありました。

そこで真っ暗になった部屋の中で懐中電灯をつけます。

「こんな弱い光じゃ何にも見えない」と思うと不安が広がりますが、「真っ暗な中でも光があってよかった。これがあれば、部屋の中を物に当たらず移動できる」と思うと、少しほっとするような感覚になります。

あるいは、「真っ暗になったおかげで、雨上がりの星も月もきれいに見える。きれいだ！」と、停電をポジティブに受け止めることができれば、同じ状況も楽しめてしまいます。

何かで悩んだり落ち込んだりしたときは、まるで暗闇の中にいるような気分になるものです。でも、暗闇だからこそ、今まで見えなかった光が見えるのです。そして、そんな厳しい状況から立ち直ろうとするからこそ、たくさんの気づきが得られるのです。それは、同じような悩みを持つ人にとっては、停電時の懐中電灯よりも明るく出口を照らしてくれる光になるに違いありません。

「自《じ》灯明《とうみょう》・法《ほう》灯明《とうみょう》」は佛様が入滅される前の最後の教えだといわれます。これは「自らを拠りどころに、真理を拠りどころにして生きていきなさい」という意味で、つまり、他人をあてにしないということです。

停電で真っ暗な部屋の中、不安も広がるでしょう。ですが、誰かが「見えない」と言っても、人の言葉に流されず、星も月もきれいだと感じられるような心を持っていたいものです。

思い通りにならないことがあるからこそ、気づきと学びが必ずあります。前向きにとらえることで自己成長を続けていくことができるのです。

人の言葉に流されず、自分の感覚を大事にする。

86 生きているうちに「ほとけ」になる

「ほとけ」という文字には、「仏」と「佛」の文字があります。

私は自分で文章を書くときには、できるだけ「佛」を使うようにしています。「佛」は「にんべん」に「弗」を組み合わせた文字です。

この「弗」には、「〇〇のようで〇〇でない」という意味があるそうです。これを聞いて面白いと思いました。

たとえば、「弗」に「さんずい」を組み合わせると「沸」になります。これは、沸騰の「沸」です。「水のようで水でないもの」ということです。

では「佛」はどうでしょうか。「にんべん」は人を表すものですから、「佛」は「人のようで人でないもの」ということになります。

人を超えた存在、まさに、「ほとけ」です。

亡くなられた方のことも「ほとけ様」と呼びますが、これも、「人のようで人でない」存在と言えます。私たちの誰もが、いつかは「ほとけ」になるわけです。

ただ、生きているうちでも「ほとけ」になる人たちもいます。それは、自己肯定によってものごとを前向きにとらえることができる人、自分で意思を切り替えられる人ととらえることができるかもしれません。普通の人よりも強い心を育て上げ、「人のようで人でない＝佛」になるのだと思うのです。

たとえば、会社や周囲の清掃を徹底するイエローハット創業者の鍵山秀三郎さんは、私に言わせれば「佛様」です。イチローも「佛様」です。世の中には、人のようで人でない、たくさんの「佛様」がいることに気づきました。

「涅槃寂静《ねはんじゃくじょう》」は安らぎに満ちた幸せな世界です。そこには佛がいらっしゃいます。みんなが〝ハッピー〟な場所こそ「涅槃《ねはん》」（ニルバーナ）です。

一人ひとりが「佛」となり、みんなが幸せな人生が送れるようになるといいと心の底から祈っています。

あなたはどうやって「佛」になる？

87

情報は自分から取りに行く

私には、ずっと前から疑問に感じていることがありました。

情報過多といわれる現代ですが、その情報を切り取って再構築し、他の人にわかるように咀嚼して出せる人と、同じ情報を目の前にしながら気づかない人がいることです。なぜこのような違いが起こるのかがとても不思議だったのです。

平成24年に「子ども・子育て新システム関連法案」が閣議決定しました。賛否両論あるようですが、大事なのは「子どものためになるのか」ということです。私は自分自身でそれを見きわめようと、インターネットで記事を調べたり、ワークグループの映像を見たり、自分なりに理解し、閣議決定から数カ月後には、ある程度の整理はできました。しかし、つい先日、ある幼稚園の先生がフェイスブックで、「今、この法案について学んでいる」と書かれているのを見つけて驚きました。

人はみな違うものです。この先生と私では学び方が違ったのです。

私はどちらかというとアクティブです。知識を得ることにも積極的で、そのために行動することを面倒と思うことがありません。学びたいと思えばセミナーや講習にでかけ、時間を有効に使うために、ウォーキング中や電車の中でも、耳から情報を得ます。

道元禅師も「得ずんば見るべし、見ずんば聞くべし」と説いています。経験していないことは見てみろ、見ていないなら聞いてみろということです。

そんなことを20年以上続けているおかげで、私は多くの情報を処理し、整理する力が少しついた気がします。知りたい情報が、目の中にポンと飛び込んでくるのです。この学び方の違いが先ほどの2年の差なのかもしれません。

有益、無益を問わず、私たちは情報に囲まれています。しかし、どの情報も、こちらから取りに行かなければ知ることはできません。関心を持って目を向ける、そのタイミングは早いか、遅いか、それを決めるのも自分自身です。

やがて、知りたい情報が飛び込んでくるようになる。

88 自分と対話する

私はどちらかというと、思いついたらすぐに行動を起こすタイプの人間です。「これはどうかな?」と思うことがあると、自分なりに調べ、そのことに詳しい人の話を聞きに行くこともよくあります。いろいろな人の力を借り、知恵を借りたおかげで自分が最初に考えていたことよりも、さらにすごいことが実現することもあります。しかし、その結果のもとをたどると、すべて自分への問いかけから始まっているのです。

人は人と話す以上に、自分自身との対話に時間を費やしています。口に出さないまま、ものごとを考えている時間のほうが長いのです。

この時間を有効に使いましょう。クリエイティブな自分を楽しむチャンスになります。ただ漫然と考えごとをしていても、考えはまとまりません。脳はぼんやりと考えることが得意ではないのです。反対に、テーマを絞り、「これはどうなんだ?」と問いかけると、答えを導こうと活発に動き始めます。

しかも、今まで考えたこともない、経験したこともないようなテーマ、分野について脳に質問してみると、面白い答えを創造してくれます。それはクリエイティブな感覚です。

道元禅師の教えの中に、「魚の鱗も改まらず、身も同じ身ながら忽《たちま》ち龍と成る也《なり》」という一節があります。龍門をくぐると魚の形は変わらないまま龍になっているというのです。私は、自分自身と対話する時間こそ、この龍門をくぐっている時間だと思うのです。クリエイティブな発想が生まれるとき、魚から龍に進化しているのではないでしょうか。

自分と対話する時間をもっと大切にしてみてください。そして、本を読んだり、人と会ったり、自分の発想の源となるデータベースをどんどん拡充してください。あなたの脳は、未来を創造する可能性を秘めている。そう思うとワクワクしてきませんか？

クリエイティブな発想は、自分との対話から生まれる。

89 辛い経験から学ぶ

世の中に、怒らない人はいません。憎まない人もいません。許せないことも必ずあります。世の中のほとんどの人がそうでしょう。

第一章でご紹介した、「懺悔文《さんげもん》」というとても短いお経の中に、「皆由無始貪瞋痴（かいゆうむしとんじんち）」の一文があります。（私たちのしてしまった悪い行いは）すべて貪瞋痴（貪る・怒る・愚痴）が原因だということです。それくらい、貪瞋痴は、私たちの誰もが持っている感情ということです。

しかし、誰もが持っているからといってこれらに振り回されて行動すれば、どんどんマイナスのスパイラルに巻き込まれていきます。誰も信じられず、誰からも信じられなくなり、生きているのが苦しくなるような事態もあるかもしれません。

でも、それが普通です。私もそうでした。

お寺と幼稚園（現こども園）を継ぎ、その役目や経営の数字に長年悩み苦しみました。感情に任せて怒り、周囲を責めてばかりいました。私から多くの人が離れていきました。

しかし、そのような経験によって、ネガティブな感情からは何も生まれない、むしろ状況は悪くなることを学ばせてもらえたのです。そして、あらゆることをプラスに受け止めることができれば、課題は課題でなくなり、気づきの機会として活かすことができると気づいたのです。

今、私の友人で、とても辛い日々の中にいる男性がいます。彼もまた感情に任せて行動し、仲間を失い、窮地に立たされてしまいました。

私は、自分が辛さを味わった経験から、彼をありのまま受け止めると決めました。

「考え方を変えてみると、幸せに生きていく道はあるんだよ」

「君なら、君と同じ苦しみを味わった人に寄り添うことができるね」

と、彼の気持ちをプラスにするためのきっかけを与え続けようと決めました。

すべてをプラスに受け止めれば、すべてを活かすことができる。この教訓を彼にも体感してもらえることを願っています。

貪瞋痴に振り回されることもある。そこから学べばいい。

90 苦手な人や嫌いな人も大好きになると決める

こども園で子どもたちと向き合い、教職員たちと一体となり、みんなが〝ハッピー〟な園を日々目指しています。

本当に毎日が楽しいのです。子どもたちの笑顔には人を幸せにするパワーがあると、つくづく感じます。日々、周囲の笑顔に触れ、私の幸福度はどんどん上がっていますが、私だけが感じているうちはまだまだです。みんなが〝ハッピー〟になることが、「涅槃寂《ねはんじゃく》静《じょう》」なのですから。

そのために私には何ができるのか、その答えを探りながら、今できることに取り組んでいます。些細なことにもポジティブな気持ちで取り組むよう努めて、日々暮らしています。それを続けていると、どんどんみんなを大好きになっていきます。

私は、苦手な人、嫌いな人も、みんな大好きです。いや、大好きになると決めています。「それはおかしい」と思う人もいるかもしれません。でも、苦手な人や嫌いな人からも何かを学んだり、幸せのヒントを得たりすることはできるのです。
福島正伸先生から、「苦手な人、嫌いな人にありがとうを100個書いてみてください」という課題が出て、なるほどと気づきました。相手が私をどう思っているかは関係ないのです。問題は、私が感謝できるのかということだったのです。そして、感謝するかどうかは、いつでも自分の意思で決められるのです。

足りないものを補おうとしたり、ものごとを無理やり押し通そうとしたりすると不満が生まれます。あれがほしい、これがほしい、まわりが持っているし……と思っているうちは、感謝はできません。反対に、あるものを受け入れると感謝の念がわき、必要以上にものがいらなくなります。人に分けることもできるようになります。その輪がどんどん広がれば、みんなが〝ハッピー〟になれるのです。

すべては自分で決められる。ハッピーになると決めよう。

エピローグ

仏教は、本来の自己に出会うための道しるべ

たいていの方がお寺と関わりを持つ機会は、どなたかが亡くなったときと法事、お墓参りだと思います。でも、お寺の仕事はそれだけではありません。もっとほかにもあるのです。その中でも大切なのが、「みんなが〝ハッピー〟になる」ための道しるべを示すことだと考えています。

本書の中で、お経を唱えるのは大切なことを忘れないためだと気づいたと書きました。その上で、私自身が、理想の人格になるための心構えを忘れないように、そして、そのことを周りの人にきちんと伝えられるように努めなければなりません。

その意味で、住職には理想の自分を目指す人に見本を示す役目があると気づきました。まだ遠く及びませんが、毎日ティッシュ１枚、理想の住職に近づいていこうと精進してい

ます。

今の世の中、「志事」が見つからず、「死事」をしている人があまりに多いと感じています。職業や肩書に振り回され、「どうせ自分は…」「なんであの人ばかり…」と、自分を卑下したり、人のことばかり羨んだり、ネガティブな方向に自分を追い込む人が増えるばかりだと思えてきます。

少し意識を変えて本来の自分に戻ろうと決めれば、もっと楽に生きられるのに、そのことに気づかないのです。いいえ、さまざまな思いにとらわれすぎて気づけないのかもしれません。

そういう私も、気づけなかったうちの一人でした。怒ってばかりいて、悩み迷い、苦しみ、長い年月をかけてようやく、多くの気づきを得ることができたのです。

だからこそ、今、気づけていない人にはもっと早く気づいてほしい、もっとポジティブに人生を楽しんでほしい、そんなメッセージを込めて、私が人生で学んだこと、気づいたことを書きました。

本書の内容が、たとえ一項目でも皆様の心に残り、自分を見つめ直すきっかけになってくれたらこの上ない幸せです。

本書の中でも、仏教では三つの宝物「佛法僧」を大切にするという話をしていますが、私にも大切にしている三宝があります。

「佛」は先生。私にとってのメンターです。
高校時代の恩師、青木文弥先生。修行時代の恩師、桑原老師。マーケティングの師匠、濱田昇さん。そして今たくさんのことを学んでいる福島正伸先生。そしてときには、こども園の子どもたちが私にとってメンターとなることもあります。
メンターとの出会いによって、たくさんの気づきをいただきました。今なお、多くのことを学ばせていただいています。

「法」は人生の設計図。
私自身は、自分自身の長期計画書を作成しています。すでに、20年先、30年先までの予定を、できるだけ具体的に書き込んでいます。お寺の行事は、50年、１００年スパンで進んでいくものもたくさんありますから、住職という立場であることも、物事を長期でとらえられるようになった一つの理由かもしれません。

「僧」は仲間。

幸せなことに、私にはたくさんの仲間がいます。

お寺で知り合った仲間。こども園で知り合った仲間、秩父の仲間、師を同じくする仲間。それ以外にも、たくさんの出会いをいただきました。本当に感謝の言葉しか浮かびません。

たくさんの宝を得たことで、今の私があるのです。

いろいろな人、物事との出会いにより、気づきや学びがありました。そのおかげで、自己を見つめ直し、肯定し、受け入れることができたのです。

自分の中の自分を掘り下げていくと、これまで「自分だと思っていたもの」と「本来の自分」が一つになる瞬間が訪れます。すると、職業や肩書は関係なく、みんなの幸せのために自分は何ができるのか、世の中で自分が果たす役割は何かが明確になってきます。目標が決まると、道筋も決まります。寝ても覚めても楽しいと感じられるようになるのです。

仕事をしていても遊んでいるような楽しい気分になり、それが周囲にも伝わって笑顔がどんどん増えていきます。こうして幸せな人＝佛様が増え、涅槃寂静が完成するといいなあと想像しています。

私は今、お寺を核にして、こども園・ＮＰＯ・企業の特性を活かし、秩父に住む人も、訪れる人も幸せになる地域づくりを進めています。一人ひとりが理想の自分を目指し「涅槃」（ニルバーナ）を創出することが、私がお寺の住職としてできる恩送りととらえ、挑戦しています。

そして、計画に携わる仲間だけでなく、みんなのワクワクが生み出すポジティブなスパイラルに一人でも多くの方を巻き込み、幸せへの道しるべをお知らせできるようになりたいと考えています。

最後に、今回、私に本を出す機会をくださった、ディスカヴァー・トゥエンティワンの干場社長と藤田さん、ありがとうございます。本書の完成に力を貸してくださった天才工場の吉田さん、石野さん、堀内さん、浅井さんにこの場を借りてお礼を申し上げます。

何より、日ごろ私を支えてくれている家族、檀信徒、こども園教職員、ＮＰＯ慈眼寺会社のスタッフ、社員に感謝の言葉を伝えたいと存じます。いつもありがとう！

そして、本書を手に取り、読んでくださった皆様、ありがとうございました。

平成25年11月

慈眼寺　住職　南泉和尚

ほとけ様に教わった　毎日をハッピーにする90の方法

発行日　2013年11月30日　第1刷
2014年 1 月25日　第2刷

Author　南泉和尚

Illustrator　ワタナベケンイチ
Book Designer　吉村朋子

Publication　株式会社ディスカヴァー・トゥエンティワン
〒102-0093　東京都千代田区平河町2-16-1 平河町森タワー11F
TEL　03-3237-8321（代表）
FAX　03-3237-8323
http://www.d21.co.jp

Publisher　干場弓子
Editor　藤田浩芳
出版プロデュース：株式会社天才工場　吉田浩
編集協力：堀内伸浩、浅井千春

Marketing Group
Staff　小田孝文　中澤泰宏　片平美恵子　井筒浩　千葉潤子　飯田智樹　佐藤昌幸
谷口奈緒美　山中麻吏　西川なつか　古矢薫　伊藤利文　米山健一　原大士
郭迪　蛯原昇　中山大祐　林拓馬　安永智洋　鍋田匠伴　榊原僚　佐竹祐哉
塔下太朗　廣内悠理
Assistant Staff　俵敬子　町田加奈子　丸山香織　小林里美　井澤徳子　橋詰悠子
藤井多穂子　藤井かおり　福岡理恵　葛目美枝子　田口麻弓　皆川愛

Operation Group
Staff　吉澤道子　松尾幸政　福永友紀
Assistant Staff　竹内恵子　熊谷芳美　清水有基栄　小松里絵　川井栄子　伊藤由美
石渡素子　北條文葉　伊藤香　金沢栄里

Productive Group
Staff　千葉正幸　原典宏　林秀樹　石塚理恵子　三谷祐一　石橋和佳　大山聡子
大竹朝子　堀部直人　井上慎平　田中亜紀　山﨑あゆみ　本田千春
伍佳妮　リーナ・バールカート

Digital Communication Group
Staff　小関勝則　中村郁子　松原史与志　松石悠

Proofreader　文字工房燦光
DTP　株式会社RUHIA
Printing　中央精版印刷株式会社

ISBN978-4-7993-1411-1